für die Weggefährten
in der
Evangelischen Kirchengemeinde Wassenberg
und im
Kirchenkreis Jülich

Klaus Eberl

Spuren

Texte – Predigten – Bausteine

Klaus Eberl:
Spuren
Texte – Predigten - Bausteine
Erstdruck im Eigenverlag des Kirchenkreises Jülich, 2007

© 2017
Herstellung und Verlag: BoD – Books on Demand, Norderstedt.
ISBN: 9783741291760

INHALTSVERZEICHNIS

Vorwort   7

Lieder und Texte
Monolog der Synagoge   9
Volkskirche - rheinisch Lied   10
Telefonseelsorge   12
Eternal Flame   14
In ihm ist das Licht   14
Hüsch-Nachruf   15

Aufsätze, Vorträge, Reden
Das größte Verbrechen aller Zeiten   17
Als der Gottesdienst das Laufen lernte   33
Kreuz und Rechtfertigung   35
Bördenpark - Dankesrede Minervapreis   50
Menschenbild und Integration   54
Jugendarbeit   63
Menschen mit Behinderungen in Russland   71
Gemeinsamer Konfirmandenunterricht   74

Predigten, Andachten, Meditationen
Der Posaunenengel der Hofkirche (1.Kor 13,13)   79
Rede des toten Abraham (Gen 12)   80
Die nackte Kirche (Kol 2,8-15)   83
Meine Zeit steht in deinen Händen (Ps 31)   87
Was ist evangelisch? (Jer 18,1-6)   91
Heilung am Teich Bethesda (Joh 5,1-18)   93
Der kranke Mensch, der geliebte Mensch (Mk 5,1-20)   97
Rosengarten (Gen 2)   102
Niemals (1.Sam 2,1-8)   104

Bausteine aus Superintendentenberichten
Die Lage unserer Kirche ist eine sehr ernste (1994)   111
Koordinaten (1995)   112
Heine (1997)   117

Ein Tag im Kirchenkreis Jülich (1998)	127
Kirche an der Jahrtausendwende (1999)	139
Was ist der Mensch (2001)	141
Bildung als Verwandeltwerden (2002)	149
Hoffnung - eine Reise in die Zukunft (2004)	155

VORWORT

Dreiundzwanzig Jahre als Gemeindepfarrer und dreizehn Jahre im Amt des Superintendenten haben Spuren hinterlassen - in Wassenberg, im Jülicher Land, in meinem Leben. Die in diesem Band versammelten Texte sollen exemplarisch an Themen erinnern, die die Zeit bestimmt haben. Allerdings wurde nicht alles aufgeschrieben, erst recht nicht im Computer gespeichert, um kurzfristig abrufbar zu sein. So ist eine eher zufällige Sammlung entstanden, mit der ich mich bei all denen bedanken möchte, die meinen Weg mit Freundlichkeit, Gemeinschaft und Rat, aber auch mit Kritik begleitet haben. Die Zuneigung, die ich erfahren habe, hat mich beflügelt. Sie war stets größer, als ich es verdient hatte.

Viele Namen und Gesichter sind in mein Herz geschrieben. Die Gottesdienste und Projekte, die Begegnungen und Gespräche haben mich geprägt. Ich blicke auf wunderbare Jahre zurück. Das gilt auch für Zeiten, in denen mir der Dienst schwer gefallen ist. Zuversichtlich gebe ich nun das Staffelholz in andere Hände, um eine neue Herausforderung in der Leitung der Kirche anzunehmen.

Die Arbeit auf den verschiedenen Ebenen - Gemeinde, Kirchenkreis, Landeskirche und EKD - war faszinierend und nur durch die Unterstützung vieler Menschen möglich. Mir ist aber auch bewusst, dass meine Familie und die Freunde, Kollegen und Menschen, die meine Hilfe brauchten, unter der Aufgabenvielfalt und dem stets zu engen Kalender zu leiden hatten. Oft reichten Zeit und Kraft nicht aus, um ihnen gerecht zu werden. Sie alle bitte ich um Vergebung.

Der Gemeinde und dem Kirchenkreis wünsche ich Gottes Schutz und Segen, damit jeder und jede einstimmen kann in das Lied der Wassenberger Kirchenband:
Ich bin vergnügt, erlöst und völlig befreit,
Gott nahm in seine Hände meine Zeit,
Fühlen und Denken, Hören und Sagen, Ängstlich- und Zärtlichkeit,
Gott nahm in seine Hände meine Zeit.[1]

Wassenberg und Jülich im Februar 2007　　　　　　　　Klaus Eberl

---

[1] Liedtext für die Kirchenband, Mel.: „Your Song" von Elton John

LIEDER UND TEXTE

MONOLOG DER SYNAGOGE[1]

Ein Jubiläum hätt' es sein können.
Und war nur das Jahr des Endes.
Oder war's der Anfang vom Ende?

In 18-38 ward ich in die Welt geworfen.
Die Synagog' in Storms-Jätzke.
Nicht an der Hauptstraß',
das war' der Liebe zu viel,
sondern abseits in der Gasse.

Gepriesen seiest du, Packenius,
liberaler Bürgermeister der Stadt,
weil du 35 Juden das Grundstück schenktest.

Gepriesen ihr aufgeklärten Bürger,
die ihr den Kindern Israel das Recht erstrittet,
ihr Freunde Lessings und des weisen Nathan.

Gepriesen die Französische Revolution;
mit ihr sprangen wir
aus finsterem Mittelalter
in die Neuzeit.

Hundert Jahre währte mein Leben
und diente nur der Ehre des Herrn,
dessen Name unaussprechlich ist,
der geführt hat aus mancherlei Sklaverei
und Not
und Unmündigkeit,
der Herr Abrahams, Isaaks und Jakobs.

Hundert Jahre nur,
da kamen die braunen Hemden

---

[1] Aus der historischen Revue „Eine Synagoge in Wassenberg", November 1988

und rissen mir die Rollen der Thora
wie Gedärme aus dem Bauch.

Es riecht nach Benzin
in der Nacht,
da mehr als Kristall zerbrach.
Die raschen Flammen
brennen mir den Leib herunter
und künden von noch schlimmerem Rauch,
der emporsteigen wird.

Verweht?
Vergessen?
Der Schrei verhallt?
Die Tränen ungeweint?

Oder hab ich,
da die Mauern mir gebrochen sind,
einen Ort
bei euch
in eurem Gedenken?
Fünfzig Jahr danach,
in denen ich
umherirrte
und suchte
nach den
wahrhaft Trauernden.

VOLKSKIRCHE - RHEINISCH LIED[1]

Gestern kam sie zu mir
Ihr Gang ließ frühere Leichtigkeit ahnen
Wir setzten uns an den groben Tisch
Ihre müden Augen leuchteten blau wie der Himmel
Na, wie isset? fragte ich
Joot

---

[1] Für die EKD-Synode 1.11.1997

Was kann man im Rheinland anderes erwarten
Und wie immer
Es stimmte nicht
Sie hatte bessre Zeiten hinter sich
Et is wie et is
Die Hände abgearbeitet von der Liebe zu den Menschen
Das krumme Holz probt aufrechten Gang
Die Mächtigen lagen ihr zu Füßen - was den Füßen nicht gut tat
Die Massen jubelten ihr zu - was den Ohren nicht gut tat
Das ist vorbei
Bist dünn geworden
Hmm
Früher wog sie 120 Kilo
War das nun Gesundfasten oder
Vorbote unheilbarer Krankheit
Ich wagte nicht zu fragen
Wir schwärmten von vergangnen Tagen
Einst stand Schleiermacher ihr Pate
Kirche durch das Volk - das war ihr Taufspruch
Die Eltern dachten antikonsistorial
Später erinnerte man sich nicht recht
Hieß es
Völkische Kirche - will sagen Kirche im braunen Umhang
Kirche für das Volk - will sagen Betreuungsverein
Nun ist es den Leuten einerlei
Et kütt wie et kütt
Mitgebracht hat sie mir ein Wort
Dass Gott den Menschen liebt
Ohn' Unterlass
Und Kleingedrucktes gibt es nicht
Das Wort liegt auf dem Tisch
Und duftet kräftig hoffnungsvoll
Da steht sie auf
Und geht zur Tür
Sie wackelt
Aber mit Würde
Draußen warten die Rübenfelder
Und die Menschen

TELEFONSEELSORGE[1]

0800 1110 111 oder 222
Freecall
Das Gespräch ist frei und macht auch frei
Ich red jetzt los und du hörst zu
Gott
Oder wer auch immer am Ende der Leitung
Alles leg ich in dein Ohr
Und in dein Herz

Nimmst weg den Kummer und den Gram
Die Schuld und alles Zagen
Gibst wieder mir
Den sichren Schritt
Im Spiegel erkenn' ich mein Gesicht
Und buchstabiere zaghaft:
i-c-h

0800 1110 111 oder 222
Freecall
Das Gespräch ist frei und macht auch frei
Ich red jetzt los und du hörst zu
Gott
Oder wer auch immer am Ende der Leitung
Alles leg ich in dein Ohr
Und in dein Herz

Die Scherben schick ich durch den Draht
Weiß keinen Kitt
Der neu zusammenbringt
Was mir zerbrach
Weiß selbst die Frage nicht
Geschweige denn die Antwort
Ich ruf nur an
Den Namen kennst du nicht

0800 1110 111 oder 222
Freecall

---

[1] Jubiläum ökumenische Telefonseelsorge im Kirchenkreis Jülich im Jahre 2000

Das Gespräch ist frei und macht auch frei
Ich red jetzt los und du hörst zu
Gott
Oder wer auch immer am Ende der Leitung
Alles leg ich in dein Ohr
Und in dein Herz

Der heiße Draht erzittert fast
So zornig bin ich
Und so laut
Der kalte Draht hält Schweigen aus
So ratlos bin ich
Und so leis'
Hörst du auch,
Wenn stumm ich schrei

0800 1110 111 oder 222
Freecall
Das Gespräch ist frei und macht auch frei
Ich red jetzt los und du hörst zu
Gott
Oder wer auch immer am Ende der Leitung
Alles leg ich in dein Ohr
Und in dein Herz

Keinem sag ich
Was ich dir gesagt
Die wilden Träume sprech' ich aus
Vom Glauben weiß ich nichts
Weiß nicht warum ich atme
Wer bist du denn, dem ich vertrau'
Der Boden gibt
unter die Füße
Der Liebe gibt, auf die ich bau'

0800 1110 111 oder 222
Freecall
Das Gespräch ist frei und macht auch frei
Ich red jetzt los und du hörst zu
Gott

Oder wer auch immer am Ende der Leitung
Alles leg ich in dein Ohr
Und in dein Herz

ETERNAL FLAME[1]

1. Schau dich um in dieser Welt, schau doch
Sie braucht ihn, braucht seinen Segen. Es regiert nur Geld
Es geht alles schief. Sie braucht seinen Segen
Gottes Segen für die ganze Welt

2. Glaube fest, Gott segnet dich, darum
Gehe frei auf deinen Wegen. Und nimm in den Arm
der nicht weiter weiß. Er braucht seinen Segen
Gottes Segen für die ganze Welt

3. Ob verrückt oder kummervoll geknickt
ob verlacht oder einfach in ´ner Ecke halb versteckt
Ich weiß: er braucht Gottes Segen.

4. Schau dich um in dieser Welt, schau doch
Sie braucht ihn, braucht seinen Segen. Es regiert nur Geld
Es geht alles schief. Sie braucht seinen Segen
Gottes Segen für die ganze Welt

IN IHM IST DAS LICHT[2]

Ref.: In ihm ist das Licht,
in ihm ist es hell
und voll Zuversicht
läuft zum Stalle ganz schnell
jeder der die Botschaft erfährt.

---

[1] Liedtext für die Kirchenband, Mel.: Eternal Flame von Billy Steinberg u.a.
[2] Liedtext für die Kirchenband, Familiengottesdienst Heiligabend, Mel.: Santa Claus is Coming to Town

1. Augustus hat's befohlen:
geschätzt wird alle Welt
doch Josef und Maria
wollen, dass Gott Recht behält. *Ref.*

2. Nach einer langen Reise
in Bethlehem, im Stall
wird Jesus Christ geboren
darum singt das ganze All. *Ref.*

3. Die Hirten hör'n die Kunde
die Weisen seh'n den Stern
weil Gottes Liebe Kind wird
glauben alle Menschen gern. *Ref.*

4. Ihr Wassenberger Christen
ihr Leute fern und nah
traut endlich Jesu Frieden
Gott macht sein Versprechen wahr. *Ref.*

HÜSCH-NACHRUF[1]

Lieber Hanns Dieter
gerade jetzt
wo mein schwarzer Anzug
in der Reinigung ist
für Weihnachten
hast du dich allein auf den Weg gemacht
Einmal
hast du versprochen
mich mitzunehmen
wenn du den lieben Gott besuchst
in Moers oder Köln
Jetzt
schau ich dir traurig nach
Du läufst ohne mich geradeaus

---

[1] Zum Tode von Hanns Dieter Hüsch am 16.12.2005

immer weiter
bis sich Himmel und Erde berühren
hin zu der schmalen Grenze
zwischen Leichtsinn und Schwermut
wo alles zusammenkommt
der Acker sich in Wolken verliert
die Angst von der Hoffnung aufgesogen wird
wie im Traum
Hast eingepackt
Zahnbürste und Geschichten
der liebe Gott hat dich engagiert
zur Erheiterung des Himmels
Daueranstellung
kein Gastspiel
Bestell liebe Grüße
Gern hätt' ich gewusst
ob ER
tatsächlich aussieht
wie eine Mischung
aus Jack Lemmon und Danny Kaye
oder ob das
wieder mal
nur ein Versuch war
das Schwere leicht zu sagen
Grüß auch die andern
die dort wohnen
Mutter, Onkel und Tante
die Freunde
Hagenbuch und Ditz Atrops
Während ich dir nachschaue
summ ich deine Lieder
voller Wärme und Güte
Sehnsucht und Einsamkeit
Elend und Liebe
und Gottvertrauen
und Gottvertrauen
Ich weiß
Wir sehen uns wieder.

AUFSÄTZE UND VORTRÄGE

DAS GRÖSSTE VERBRECHEN ALLER ZEITEN
Ein Grenzgang zwischen Theologie und Kriminalliteratur [1]

1. NACHT - DA WAR ETWAS...

Er wird dich mit seinen Fittichen decken, und Zuflucht wirst du haben unter seinen Flügeln. Seine Wahrheit ist Schirm und Schild, dass du nicht erschrecken musst vor dem Grauen der Nacht. (Psalm 91,4)

Da war etwas! Mitten in der Nacht hat mich ein Geräusch geweckt. Ich schalte das Licht ein, schaue ziemlich verwirrt umher. Nichts. Jetzt kann ich es sehen. Die Bücher sind vom Nachttisch heruntergefallen. Zwei Stapel, gut und gerne zwanzig Titel. Ein schwankender Doppelturm, dem die schwere Bibel obenauf zum Verhängnis geworden ist. Poes „Mord in der Rue Morgue", Cherstertons „Pater Brown", Sayers' „Lord Peters Hochzeitsreise", Hammets „Malteser Falke", Chandlers „Der große Schlaf", Doyle, Simenon, Le Carré, Sjöwall-Wallöö, Grisham ... Ich liebe Krimis - und ich liebe die Bibel.

Beruhigt krieche ich erneut ins warme Bett. Gedanken rasen durch den Kopf. Unbehagen macht sich breit. Und wenn da doch etwas war? So schwere Bücher fallen nicht von allein herunter! Vielleicht hat jemand die Tür im Kellergeschoß aufgebrochen, und ein Luftzug brachte den Papierturm zum Einsturz! Vielleicht war jemand sogar im Zimmer - ist im Zimmer. Es ist Nacht. Ich rühre mich nicht. Weit aufgerissene Augen schauen unter der Bettdecke hervor.

Pfarrer lesen Krimis, schreiben Krimis, sind Protagonisten des Genres. Eine seltsame Vorliebe. Es geht darum, das Leben in aller Schuldverstrickheit zu bewältigen. Hier begegnet uns die elegante Form: im bequemen Sessel unter der Leselampe, vielleicht ein Glas Cognac oder die Pfeife in der Hand. Die Themen ähneln. Im Krimi wie in der Kirche geht es um Schuld und Vergebung, um Gerechtig-

---
[1] Erschienen in Pastoraltheologie 1998

keit und verlorene Illusionen, um Angst und Befreiung. Der Krimi bietet Lebensbewältigung im Reagenzglas.

Worin liegt der Reiz des Krimis? Nach Ernst Bloch[1] zunächst in der Spannung des Ratens. Mit der Lektüre beginnt ein Wettlauf zwischen Autor und Leser. Der Autor legt seine Fährten aus. Sie sollen den Leser in die Irre führen, sollen ihn verzweifeln lassen bei der Suche nach dem versteckten Wer. Wahrheitsfindung ist die unendlich seltene Möglichkeit. Oft wird jemand als Täter entlarvt, der von allem Verdacht frei schien. Denn Menschen tarnen sich im Spiel der Welt.

Zum Zweiten reizt das apokalyptische Moment. Die kleinen Zeichen und Indizien sind wichtig. Sie offenbaren den wahren Sachverhalt. Die Detektive gehen unterschiedlich vor. Sherlock Holmes[2] liebt es naturwissenschaftlich. Die Lupe ist seine Waffe. Aus dem Straßenschmutz identifiziert er die Herkunft seiner Besucher. Hercule Poirot[3] verlässt sich lieber auf seine Intuition. Rationales Pathos liegt ihm fern. Verständlich: die Jahrzehnte zwischen Doyle und Christie waren von Krieg und Wirtschaftskrise geprägt. Davor hat Verstand nicht bewahrt.

Zum Dritten reizt es, den dunklen Punkt in der Geschichte zu finden, von dem aus alles Unheil seinen Anfang nimmt. Jede Detektivgeschichte hat ihren Sündenfall. Der analytische Blick auf die Ursachen des Übels bleibt jedoch nicht auf einen vergnüglichen Wettlauf mit dem Autor beschränkt. Vielmehr bewährt sich Krimilektüre als Übungsfeld für die Gesellschaftsanalyse: Wer ist der Schurke, wer das Opfer? Wie können die dunklen Mächte der Angst vertrieben werden? Am Ende erweist sich der analytische Blick in die Vergangenheit als Voraussetzung für die Entfaltung der Zukunft.

So geht die Nacht mit vorläufigen Gedanken zu Ende. Habe ich das alles geträumt? Angst verjagt? Unsicherheit kompensiert? Sehnsucht nach Geborgenheit ausgedrückt? Wir werden sehen ...

---

[1]Ernst Bloch: Philosophische Ansicht des Detektivromans, in: Verfremdungen I, Frankfurt 1962, S.37 ff
[2]Arthur Conan Doyle: The Adventures of Sherlock Holmes, 1892 u.a.m.
[3]Agatha Christie: The Murder of Roger Ackroyd, 1926 u.a.m.

2. Morgengrauen - Zugänge

In der Mitte der Nacht liegt der Anfang eines neuen Tages, und in der dunklen Erde blüht die Hoffnung[1]

Ein frühes Licht auf die Wechselbeziehung zwischen Theologie und Kriminalliteratur wirft der Briefwechsel zwischen Karl Barth und Dorothy Sayers. Im Jahre 1939 übersetzte Barth mit großem Vergnügen die kleine Schrift „Das größte Drama aller Zeiten"[2] ins Deutsche. „Das Faszinierende ... war für mich die ... Verbindung eines Humanismus bester Oxford Tradition mit einer hervorgehobenen Meisterschaft in der zur literarischen Tätigkeit in diesem Genre unentbehrlichen Technik."[3] Sayers verteidigt kirchliche Dogmatik gegen eine vermeintlich schlechte Presse, sieht in der zentralen Frage nach Christus zugleich das aufregendste Drama, das jemals geboten wurde. Barth klatscht vor Freude in die Hände: Denn die Krimiautorin macht dem Dogma Beine. „Es möchte uns vielleicht angenehmer sein, diese Geschichte (Jesu) nicht allzu ernst nehmen zu müssen. Denn manches in dieser Geschichte ist sehr beunruhigend. Da hatten wir, mitten unter uns wandelnd und redend, einen Menschen göttlichen Wesens - und was wussten wir mit ihm anzufangen? Das gemeine Volk freilich 'hörte ihn gerne'. Unsere führenden Autoritäten in Kirche und Staat aber fanden, er rede zu viel und sage dabei allerlei irritierende Wahrheiten. Und so bestachen sie einen seiner Freunde, ihn in aller Stille der Polizei auszuliefern. Wir machten ihm mit einer reichlich allgemeinen Anklage wegen Unruhestiftung den Prozess. Wir ließen ihn öffentlich auspeitschen und an den gemeinen Galgen hängen 'und dankten Gott, dass wir den Schelm los waren'."[4]

Genauer betrachtet lässt sich leicht feststellen, dass das Evangelium schon in der Leidensgeschichte Jesu klassische Elemente des Krimis präsentiert: Gerichtsszenen (beim Prozess Jesu), Verrat (des Petrus), eine korrupte Justiz (Pilatus), politischer Mord (Kreuz), Verschwinden der Leiche u.a.m. Das Alte Testament bietet Verhörszenen nach klassischem Muster, indem Nathan den König David des Mordes

---

[1] Liedtext Baltruweit
[2] Dorothy Sayers: Das größte Drama aller Zeiten, Zürich 1959, 1982²
[3] A.a.O., S.13
[4] A.a.O., S.29

überführt (2. Samuel 12). Ein Bibelkrimi schlechthin ist die Urgeschichte. Nicht nur wegen des Brudermordes Kains (Genesis 4). In immer neuen Anläufen wird ein Dreitakt thematisiert: 1. Die Welt ist von Gott gut erschaffen. 2. Die geschenkten Lebensmöglichkeiten werden verspielt, weil Menschen sich in Schuld verstricken und gegenüber Gott und ihren Mitgeschöpfen versagen. 3. Gott schenkt neue, gnädige Anfänge.

Erste Beziehungen sind ausgemacht. Welche Folgen haben sie? Kompensieren Christenmenschen mit der Krimilektüre einen gewissen Wirklichkeitsverlust? Geht ihnen die Tragik menschlicher Existenz auf? Schult die Detektion ihre Fähigkeit zum Hinschauen, Entlarven, mithin zu Weltanalyse? Über die Folgen des Krimibooms wird heftig gestritten. Die einen versprechen sich kathartische Wirkungen: Aggressionen werden auf unschädliche Weise abreagiert. Andere befürchten eine Verrohung des Verhaltens, weil Menschen nun einmal durch Nachahmung lernen. Ein weites Feld für Psychologen. Sicher ist nur eines: Lektüre und Fernsehkonsum haben unterschiedliche Folgen. Das Buch malt Geschichten in unserer Phantasie, lesen ist ein kreativer Vorgang. Das Fernsehen tendiert zur Konsumhaltung, fremde Bilder werden eingepflanzt. Nicht ohne Grund sind alle Versuche gescheitert, die Bibel zu „verfilmen". Die Kirche des „Wortes" leidet manchmal darunter, dass lesendes Verstehen selten geworden ist. Aber wenn die Verkündigung spannend wie ein Krimi wäre ...?

3. Morgen - Von Detektiven und Thrillern

Lass mich am Morgen hören deine Gnade; denn ich hoffe auf dich. Tu mir kund den Weg, den ich gehen soll; denn mich verlangt nach dir. (Psalm 143,8)

Der Morgennebel lichtet sich. Bei einer Tasse Kaffee stellt sich erste Wachheit ein. Auch die morgendliche Zeitungslektüre bietet Krimis in Nuce. Allerdings werden die Schurken meist nicht entlarvt. Aber das ist ein anderes Thema.

Spätestens seit Schmidt, Bultmann und Dibelius[1] spielt die Formgeschichte eine zentrale Rolle in der Exegese. Wenden wir ihre Methodik auf die Kriminalliteratur an, so lassen sich zwei zentrale Gattungen unterscheiden: Detektivgeschichten und Thriller.[2] Der Detektiv schaut in die Vergangenheit. Ein Verbrechen ist geschehen. Im Dunkeln sind Umstände der Tat, Verbrecher, Motive. Intellektueller Scharfsinn ist nötig, um das Knäuel zu entwirren. Blut fließt nur wenig in Detektivgeschichten. Ganz anders der Thriller. Nicht die Entschlüsselung des Verbrechers, sondern die Verfolgung des schon bald identifizierten Täters ist Ursache der Spannung. Nicht ein Wettlauf zwischen Autor und Leser wird inszeniert, sondern einer zwischen dem Helden und dem Schurken.

Am Anfang der Detektivgeschichte stehen W-Fragen: Wer? Wie? Warum? Fast immer geht es um Mord. Der Täter ist in einem geschlossenen Kreis der Verdächtigen zu finden. Denn der Leser muss ja gegenüber dem „allwissenden Autor" eine Chance haben, die richtige Fährte zu finden. „Fair Play ist hier Vorbedingung der Spannung. Man hätte das Rätsel ja herausfinden können, aber man hat nicht ... Zentrale Person ist natürlich der Detektiv - das Opfer spielt übrigens meist die geringste Rolle. An ihm reiben sich die Phantasien. Bald wird er bewundert, ist er Projektion des Lesers: „So möchte ich sein!" Bald identifiziert sich die Leserschaft mit ihm: „Einer von uns!" Typisch ist auch die Einführung eines Gefährten, einer „Watson"-Figur[3]. Er stellt die „dummen" Fragen, die nötig sind, damit der Held sich mitteilen kann. Vor seiner Naivität hebt sich der Glanz des Detektivs um so stärker ab. Das literarische Motiv wird übrigens auch in den Evangelien angewendet. Asymmetrische Kommunikation begegnet uns häufig in den Gesprächen Jesu mit seinen Jüngern. Die Jünger verstehen nicht - Jesus erklärt. Die Jünger haben Angst - Jesus tröstet. Die Jünger sind wie wir - Jesus ist der *theios anär*, der Göttliche und Vollkommene.

---

[1]K.L. Schmidt: Der Rahmen der Geschichte Jesu, 1919; R. Bultmann: Die Geschichte der synoptischen Tradition, 1970[4]; M. Dibelius: Die Formgeschichte des Evangeliums, 1971[6]
[2]Vgl. zur Gattungsfrage Peter Nusser: Der Kriminalroman, Stuttgart 1992
[3]Watson ist der Begleiter von Sherlock-Holmes in den Detektivgeschichten von Arthur Conan Doyle

Im Thriller ist das Verbrechen nicht festgeschrieben. Mord, Raub, Spionage - das Ensemble der Möglichkeiten ist groß. Durchweg chronologisch wird erzählt, und der Leser wird an den Schauplatz des Verbrechens gezerrt. Er ist dabei, durchmisst die Angst und Verunsicherung, die eine sündige Welt uns auferlegt. Der Held des Thrillers ist oft ein Bezwinger des personifizierten Bösen. Nicht unbedingt intellektuelle Fähigkeiten sind von ihm gefordert, sondern der Mut, sich in die Bresche zu werfen, damit das Leben wieder eine Chance hat. Tapferkeit, Entschlossenheit und Instinktsicherheit werden oft mit der Einsamkeit des Helden erkauft. In gefährlichen Situationen ist er auf sich allein angewiesen. Typische Motive des Thrillers ähneln in mancherlei Hinsicht den Erlösungsmythen religiöser Literatur.

4. MITTAG - ZUR GESCHICHTE DES DETEKTIVROMANS

Der Herr wird dich schlagen mit Wahnsinn, Blindheit und Verwirrung des Geistes. Und du wirst tappen am Mittag, wie ein Blinder tappt im Dunkeln, und wirst auf deinem Wege kein Glück haben und wirst Gewalt und Unrecht leiden müssen dein Leben lang, und niemand wird dir helfen. (5. Mose 28,28f)

In der Sonne des Mittags stellen wir uns dem Grauen. Nur so ist es erträglich. In den Regalen der Abteilung Kriminalliteratur stehen manche Bände an exponierter Stelle. Sie markieren Wegsteine der Gattungsgeschichte. Es ist ein junges Genre. Vor der Entstehung des bürgerlichen Rechtsstaates im 19. Jahrhundert machten Kriminalgeschichten keinen Sinn. Nicht durch intellektuelle Anstrengung wurden Verbrechen aufgeklärt, sondern durch Folter. Auch scheint ein gewisser demokratischer Grundkonsens nötig. Weder Nazideutschland noch die Sowjetunion und die DDR haben nennenswerte Krimis hervorgebracht.

Die Geschichte des Detektivromans beginnt mit Edgar Allan Poes Erzählung „Mord in der Rue Morgue"[1] aus dem Jahre 1841. Poe preist darin die analytischen Fähigkeiten des Intellekts. In einem geschlossenen Zimmer ist ein Mord begangen worden. Ein Tatmotiv fehlt. Die Polizei tappt im Dunkeln. Erst ein Privatdetektiv, der mit

---

[1] Edgar Allen Poe: The Murders in The Rue Morgue, 1841

dem Erzähler zusammenarbeitet, erklärt das scheinbar Geheimnisvolle rational: als Täter wird ein entlaufener Orang-Utan überführt. Ein inzwischen verdächtigter Bankangestellter erweist sich als unschuldig. Poes Held ist der scharfsinnige A. Auguste Dupin. Er geht bei der Lösung des Falles streng logisch vor. Alle Denkmöglichkeiten werden erwogen, eine nach der anderen eliminiert. Es bleibt am Ende nur die richtige Lösung übrig.

Arthur Conan Doyles Sherlock-Holmes-Geschichten[1] gehen einen Schritt weiter. Nicht allein ein Geheimnis wird entschlüsselt. Der Held muss im Verlauf der Ermittlungen Gefahren und Hindernisse überwinden. Sherlock Holmes ist ein Kind des positivistischen Zeitgeistes, ein scharfer Beobachter, der seine Schlussfolgerungen zieht. War Dupin noch eine Chiffre für die menschliche Ratio, so hat sich Holmes zu einer markanten Persönlichkeit gewandelt. Habichtprofil, beißende Ironie, extravagante Kleidung, Pfeife und Lupe machten ihn so populär, dass Doyle der sagenhafte Erfolg zur Qual wurde. Versuchsweise ließ er Holmes in einer Geschichte ums Leben kommen, um dem Spuk ein Ende zu bereiten. Vergeblich, das Lesepublikum forderte Fortsetzung auf Fortsetzung.

Literarischer Antipode zu Holmes ist Chestertons Pater Brown[2] Der katholische Priester löst seine Fälle nicht wie ein Schachspieler. Er ist Seelsorger. Er ist geübt, hinter die Fassaden der Menschen zu blicken. Er erkennt den innerlich verkrümmten Sünder und Verbrecher, weil er mit Augen sieht, die in die Schule des Evangeliums gegangen sind. Deshalb erschließen sich ihm die Motive und Verstrickungen der Täter schneller als anderen, schneller als der Polizei. Chesterton geht es in den Geschichten jeweils um ein ethisches, psychologisches oder theologisches Problem, das mit der Erzählung vorangebracht werden soll. Chesterton bleibt seinem Glauben treu, wenn er Pater Brown am Ende Partei ergreifen lässt für den Sünder, für den Täter. In vielen Erzählungen schützt er den Verbrecher vor menschlicher Gerechtigkeit. Bestrafung ist die Sache Gottes. Seine Barmherzigkeit ist fern jeder Rache.

---

[1] Arthur Conan Doyle: The Adventures of Sherlock Holmes, 1892 ff.
[2] Gilbert Keith Chesterton: The Father Brown Stories, 1911-1935

Weitere Autoren von Detektivromanen wären zu nennen. Agatha Christie bietet mit ihren skurrilen Helden „Miss Marple" und „Hercule Poirot" den typischen Rätselroman. Die Pfarrerstochter Dorothy Sayers verbindet in „Lord Peter Wimsey" Verbrechensaufklärung mit Charakterstudien[1]. Bei George Simenons „Kommissar Maigret"[2] kommen sozialkritische Züge hinzu. Mit seinem Protagonisten William von Baskerville entwickelt Umberto Eco im historischen Krimi „Der Name der Rose"[3] eine Art mittelalterlichen Holmes. Sogar Dürrenmatt versucht sich an der Gattung. In seinem 1953 erschienenen Roman „Der Verdacht" wird die Detektivfigur regelrecht demontiert. Der Detektiv wird selbst zum Opfer des Verbrechers, eines ehemaligen KZ-Arztes, der ihm gleichsam programmatisch erklärt: „Die Zeiten sind vorüber, wo es genügt, etwas scharfsinnig zu sein, um die Verbrecher, mit denen wir es heute zu tun haben, zu stellen."[4] Auf ganz andere Weise lösen Sjöwall/Wahlöö ihren Helden auf: Martin Beck, ständig überarbeitet, mit Magenschmerzen im Kampf gegen den Verbrechenssumpf im Schwedischen Sozialstaat verschmilzt mit seinem Polizeiteam.

5. NACHMITTAG - ZUR GESCHICHTE DES THRILLERS

Es ist dir gesagt, Mensch, was gut ist... (Micha 6,8)

Viel Blut kann das Auge nur in Verbindung mit nachmittäglichem Tee ertragen. Und die Geschichte des Thrillers ist rot gefärbt.

Eine Geschichte des Thrillers ist nicht stringent nachzuzeichnen. Zu vielseitig sind die Themen. Sein Spektrum reicht vom trivialen Heftroman à la Jerry Cotton[5] bis zum anspruchsvollen Spionageroman eines John le Carré[6]. Besondere Aufmerksamkeit verdient die amerikanische „hard-boiled-school", die ein neues Bild des Helden entwickelte. In der gewaltschwangeren Prohibitionszeit suchten die Leser nach „moralisch sauberen 'tough guys', die sich wirkungsvoll gegen

---

[1] Z.B. dt. Dorothy Sayers: Lord Peters abenteuerliche Hochzeitsfahrt, Zürich 1938
[2] Vgl. Georges Simenon: Der Mann auf der Straße - u. a. Maigret-Geschichten, Zürich 1995
[3] Umberto Eco: Il nome della rosa, Mailand 1980, dt. Der Name der Rose, 1987[12]
[4] Vgl. Peter Nusser: Der Kriminalroman, Stuttgart 1992, S. 111f.
[5] Seit 1956. Teilweise Auflage i..v. 300.000 Exemplaren pro Woche.
[6] Hauptwerk: John le Carré: The Spy Who Came In From the Cold, 1963; zu John le Carré s.u.

die herrschende Korruption auflehnen würden."[1] Der „Superman" des Heftromans wandelt sich bei Hammett, Chandler u.a. zum realistisch gezeichneten Kämpfer für Recht und Ordnung.

Dashiell Hammetts berühmter Roman „Der Malteser Falke"[2] erschien 1930. Jede Idylle der klassischen Detektiverzählung ist abgelegt. Verbrechen und Brutalität gehören zur Lebenswirklichkeit. Im trüben Großstadtmilieu versucht Sam Spade, ein heruntergekommener Privatdetektiv, herauszufinden, wer seinen Partner umgebracht hat. Dieser und weitere Morde stehen im Zusammenhang mit der Jagd nach dem „Malteser Falken", einer wertvollen Statue. Am Schluss stellt sich heraus, dass alle Verbrechen sinnlos gewesen sind. Der „Malteser Falke" erweist sich als Fälschung. Hammett erzählt die Geschichte aus der Perspektive des Helden. Die Glocke der Sozialkritik wird heftig geläutet. Dennoch vermag er keine Hoffnungsperspektive zu entfalten. Spade ist kein positives Gegenbild in einer mörderischen Gesellschaft, er ist ihr Gefangener.

Raymond Chandler geht in „Der große Schlaf"[3] subtiler vor. Sein Held Philipp Marlowe attackiert als Underdog unerschrocken die Mächtigen. Bei der Aufklärung eines zunächst harmlos erscheinenden Erpressungsversuchs wird er auf die Spur einer ganzen Reihe von Verbrechen gesetzt, die von übler Schlägerei bis zum Mord reichen: Allerdings führt ihn nicht körperliche Gewalt zum Ziel, sondern seine sprachliche Versiertheit. „Arm, zäh, rechtschaffen, wendig, auf lakonische Art humorvoll und befähigt, sich in einer von Zynismus und Korruption beherrschten Umgebung zu bewegen, ohne selbst korrupt oder zynisch zu werden, ist Marlowe der Mann, um dem Recht Geltung zu schaffen."[4] Chandler zwingt seinen Helden zu genauer Beobachtung: „Sie war an die zwanzig, klein und schnuckelig ziseliert, sah aber ganz so aus, als ob sie einiges verkraften könnte. Sie trug blassblaue Hosen und sah gut darin aus. Sie ging, als ob sie schwebte. Sie hatte hübsches lohfarbenes Haar, das viel kürzer geschnitten war, als es die derzeitige Mode mit ihren eingerollten Pagenkopffransen verlangte. Ihre Augen waren schiefergrau und fast

---

[1] Peter Nusser: A.a.O., S. 127
[2] Dashiell Hammett: The Maltese Falcon, 1930
[3] Raymond Chandler: The Big Sleep, 1939
[4] Jerome von Gebsattel: The Big Sleep, in: KLL, S. 1515

ausdruckslos, als sie mich ansahen. Sie kam auf mich zu und lächelte mit dem Mund und hatte kleine scharfe Raubtierzähne, weiß wie frisches Orangenmark und schimmernd wie Porzellan. Sie blitzten zwischen dünnen gestrafften Lippen. Ihr Gesicht war fahl und wirkte nicht sehr gesund."[1] Schon am Anfang des Romans werden die Spuren gelegt, die zur Lösung des Falles führen.

6. ABEND - THEOLOGISCHE MOTIVE IN DER KRIMINALLITERATUR

Bleibe bei uns; denn es will Abend werden und der Tag hat sich geneiget (Lk 24,29)

Im Rückblick des Tages klärt sich einiges. Manches Fadengewirr erweist sich als geplantes Webmuster. Das ist im Krimi nicht anders als im Leben. Alle Versteckspiele werden ein Ende haben. Kann theologische Reflexion zur Aufklärung führen? Jedenfalls finden sich viele Motive christlichen Glaubens in Kriminalromanen wieder.

a) Gut und Böse

Da ist der ewige Kampf zwischen Gut und Böse. Im Kampf zwischen Detektiv und Schurken spiegelt sich die Auseinandersetzung zwischen Gerechtigkeit und Chaos, zwischen Frieden und Krieg, zwischen Leben und Tod. Man kann natürlich darüber streiten, ob moralingetränkte Schwarzweißzeichnung sich auf das Evangelium und seine Freiheit berufen kann. Oft genug scheint das Gesetz dem Evangelium vorgeordnet zu sein. Wie dem auch sei: Durch den souveränen Helden wird das Tohuwabohu gängiger Welterfahrung verwandelt. Die Welt wird bewohnbar - in der literarischen Fiktion zumindest. Eindrucksvoll besingen z.B. Chestertons Pater-Brown-Geschichten[2] die Überlegenheit des Guten, ohne moralinsauer enger Kleinbürgerlichkeit zu verfallen.

b) Christ in der Gesellschaft

Mit atemberaubender Zeitgenossenschaft thematisiert John le Carré die politische Großwetterlage. In der Zeit des „kalten Krieges" waren Spionageromane[3] sein Metier. „Das Russlandhaus"[1] hat im Zeichen

---

[1] Raymond Chandler: Der große Schlaf, Zürich 1974, S. 6
[2] Dt. z.B. Gilbert Keith Chesterton: Pater Brown und das schlimmste Verbrechen der Welt, Zürich 1980
[3] Z.B. „Ein blendender Spion", „Dame, König, As, Spion" u.a.m.

von Glasnost und Perestroika erstmals die gewandelten Ost-West-Beziehungen im Blick. Die zarten Blüten der Friedensvision erfrieren jedoch im Frost alter Strukturen und gewachsenen Misstrauens. Frieden, so die Schlussperspektive, lässt sich nur im Privaten finden.
- Nach dem Wandel der politischen Machtverhältnisse kommen neue Reiche in den Blick: Waffen- und Drogenhändler mit ihren Komplizen in Geheimdiensten und Regierungen. Im „Nacht-Manager" (1992)[2] wird Jonathan Pine, Portier in einem Züricher Hotel, auf Roper angesetzt, der von einer Karibik-Insel aus sein riesiges Waffen- und Drogenimperium steuert. Doch Pines Mission wird durch den britischen Geheimdienst selbst gefährdet. Verrat, Karrieresucht und Komplizenschaft stürzen ihn in Lebensgefahr. Schließlich presst ihn ein Kollege gemeinsam mit der schönen Jed, Ropers Geliebter, frei. Der Preis: Roper entkommt. Le Carré beschreibt seine Ambition, in einer bedrohlichen Welt Verantwortung zu übernehmen, folgendermaßen: „Warum vergeuden wir den Frieden, den wir errungen haben? ... Wo ist der Löwe, der mit seinem Brüllen unseren Gefühlen Ausdruck verschafft? ... Gleichzeitig mit dem kalten Krieg endete bei uns auch die Ära des Überflusses, und wir strandeten in moralischer Einöde... Anstatt nach Feinden im traditionellen Sinne zu suchen, könnten wir uns gegen die wirklichen Feinde wenden, die uns jeden Tag bedrohen: ökologischer Ruin, Drogen, Terror, Hungersnöte und Stammesfehden."[3] - Bedrückende Realität des Kaukasus-Konfliktes inszeniert le Carré in „Unser Spiel".[4] Timothy Cranmer ist ein Geheimdienstmann im Ruhestand. Sein ehemaliger Mitstreiter Larry Pettifer, zieht mit Cranmers Freundin in den Kaukasus, um mit dem Bergvolk der Inguschen gegen die russischen Besatzer zu kämpfen. Bei der Suche nach seinem Freund wird der desillusionierte Cranmer zum idealistischen Weltverbesserer.

c) Christen und Juden

Die Evangelische Kirche im Rheinland hat vor kurzem das Verhältnis zur Judenheit im Grundartikel der Kirchenordnung neu beschrie-

---

[1] John le Carré: Das Russlandhaus, Köln 1989
[2] John le Carré: Der Nacht-Manager, München 1994
[3] John le Carré: Wo ist der Löwe, der brüllt? in: Der Spiegel 32/93, S.149-152
[4] John le Carré: Unser Spiel, Köln 1995

ben.[1] Ein Dialog der Religionen steckt noch in den Kinderschuhen. Hans Küng hat seine Notwendigkeit mit einem einfachen Dreischritt beschrieben: „Kein Überleben ohne Weltethos. Kein Weltfriede ohne Religionsfrieden. Kein Religionsfriede ohne Religionsdialog."[2] Auf spielerische Weise hat sich Harry Kemelmann diesem Dialog gewidmet. Seine Detektivfigur, Rabbi David Small, erntet in einer spießigen jüdischen Gemeinde Respekt mit talmudischem Schafsinn. Er ist der Antiheld schlechthin: unscheinbar, blassgesichtig, unsportlich, schlecht gekleidet. In „Ein Kreuz für den Rabbi"[3] ist Small mit einem - christlichen - Polizisten befreundet, dem er aus Jerusalem ein Kreuz mitbringen soll. In der Stadt der Religionen gerät er in Konflikte zwischen Juden und militanten Muslimen. Er philosophiert über Gebetszeiten, Thora, Festzyklus, Fundamentalismus und Religionsdialog - und klärt ganz nebenbei einen rätselhaften Mord auf.

d) Rechtfertigung

Das reformatorische Zentralthema, die Rechtfertigung des Sünders aus Gnade, findet im Kriminalroman vielfältige Variationen. Auffällig ist schon die Tatsache, dass in den Detektivgeschichten oft die unerwartete Person als Täter entlarvt wird. Hinter den Masken der Menschen, hinter der biederen Oberfläche, verbergen sich nicht selten Abgründe. Krimilektüre bewahrt vor Illusionen in einer Welt, in der Lug und Trug den normalen Zustand darstellen. Maj Sjöwall und Per Wahlöö haben in ihrem zehnteiligen Romanzyklus[4] dieses Thema in immer neuen Anläufen variiert. Sie wollen traditionelle Unterhaltung mit scharfer Kritik an der schwedischen Gesellschaft verbinden. Kriminalität erweist sich als logische Folge eines ungerechten Sozialsystems. Die Täter sind somit zugleich Opfer. Im „Ekel aus Säffle"[5] läuft ein Polizist Amok, weil sein faschistoider Vorgesetzter sich mit seinen menschenverachtenden Methoden am Tod seiner Ehefrau schuldig gemacht hat. In „Und die Großen lässt man laufen"[6]

---

[1] "Sie (die Ev. Kirche im Rheinland) bezeugt die Treue Gottes, der an der Erwählung seines Volkes Israel festhält. Mit Israel hofft sie auf einen neuen Himmel und eine neue Erde." Grundartikel I. der Kirchenordnung der Ev. Kirche im Rheinland
[2] Hans Küng: Projekt Weltethos, München 1990
[3] Harry Kemelman: Ein Kreuz für den Rabbi, Hamburg 1989
[4] Maj Sjowall / Per Wahlöö: Die Tote im Götakanal u.a. 1968-1977
[5] Maj Sjowall / Per Wahlöö: Das Ekel aus Säffle, Hamburg 1973
[6] Maj Sjowall / Per Wahlöö: Und die Großen lässt man laufen, Hamburg 1972

zertreten Unternehmer mit ihrer Geldvermehrungssucht jede Humanität. Es erscheint fast verständlich, dass einer, dessen Leben durch solche Praktiken zerstört wurde, hingeht und einen dieser Kapitalisten erschießt. Nach Sjowall/Wahlöö bedarf jedenfalls auch der Mörder des Schutzes - eine Variation des Kainszeichens (Genesis 4,15).

e) Leib Christi

Im Neuen Testament wird der Leib Christi als „Kollektivperson" beschrieben, Jesus Christus als Gemeinde existierend (Bonhoeffer). Wir wenden uns der Rolle des Helden im Krimi zu. Bei Sjowall/Wahlöö entwickelt sich der Held vom Superstar zum stillen Anwalt des Menschlichen. Eine gewisse Melancholie ist nicht zu übersehen. Martin Beck, der Kommissar, bewegt sich vom detektivischen Superman weg und erscheint gleichsam zerlegt und auf verschiedene Figuren verteilt. Jedes Mitglied des Polizeiteams ist für sich betrachtet schwach. Aber gemeinsam bilden sie eine kleine Gesellschaft in der Gesellschaft, die in der Dunkelheit ein Licht anzündet. Anklänge an Gollwitzers Kirchenkonzept einer „Pressure-Group des Reiches Gottes" sind nicht zu übersehen.[1]

f) Schöpfungsverantwortung

Schließlich werfen wir einen Blick auf den US-Amerikaner John Grisham. Der gelernte Jurist steht regelmäßig an der Spitze der Bestsellerlisten. In seinem Roman „Die Akte"[2] beschreibt er einen Politskandal im Weißen Haus. Gewissenlose Ölgiganten planen die Zerstörung eines Naturreservates, in dem seltene Pelikane ihr Zuhause haben. Die Protagonisten machen sich auf ihrer atemlosen Flucht zu Anwälten der Schöpfung.

7. AM ENDE DES TAGES - IN DER EINEN HAND DIE BIBEL, IN DER ANDEREN EIN KRIMI

Gott, lass uns dein Heil schauen, auf nichts Vergänglichs trauen, nicht Eitelkeit uns freun; lass uns einfältig werden und vor dir hier auf Erden wie Kinder fromm und fröhlich sein.[3]

---

[1] Vgl. kritisch zu Gollwitzer: Walter Kreck: Kirche und Kirchenorganisation. Einige Fragen zu Helmut Gollwitzers Kirchenthesen, in: EvTh 1978, S.518ff
[2] John Grisham: Die Akte, 1993
[3] Matthias Claudius: Der Mond ist aufgegangen, EG 482,5

Der Grenzgang zwischen Theologie und Kriminalliteratur führt am Ende des Tages beide Fäden zusammen. Es wäre ja denkbar, dass auch die Suche nach Gott Momente der Detektion aufweist. Der Sinn des Lebens als das große Rätsel, das es zu entschlüsseln gilt. Fährten werden aufgenommen und verworfen, Experten befragt. Letzte Beweise fehlen immer. Man ist auf Indizien angewiesen. Verlässlich sind allein die Zeugen (des Glaubens). Ihre Texte als Ur-Kunden des Glaubens haben entscheidendes Gewicht in der Beweisführung. Und auch hier gilt: Längst bedient sich theologische Wissenschaft Holmes'scher Methodik, wenn sie text- und redaktionskritisch der Bibel ihre Referenz erweist. Theologen sind eben Spurensucher.

Um die Suche nach Gott geht es explizit in Woody Allens bizarrer Satire „Mr. Big"[1], die Motive der amerikanischen „hard-boiled-school"[2] der 30er Jahre variiert. Die betörende Claire Rosenzweig (bzw. Heather Butkiss bzw. Dr Ellen Shepherd) gibt Detective Lupowitz, genannt „Kaiser", den Auftrag, Gott zu finden. „Kaiser" jagt atemlos durch den Dschungel der Theologiegeschichte. Die Spur führt über den Rabbiner Weizmann, den Atheisten Chicago-Phil zur „Gott-ist-tot-Theologie". Ein Inspektor fragt „Kaiser": „Suchen Sie immer noch Gott? ... Ein allmächtiges Wesen? All-Einheit? Schöpfer des Universums? Urgrund aller Dinge? ... Jemand mit dieser Beschreibung ist gerade im Leichenschauhaus aufgekreuzt."[3] Auch der Papst hilft nicht bei der Lösung des Falles, weil sein Amt allein aus der Fassade der Macht besteht: „Klar existiert ER, Lupowitz, aber ich bin der einzige, der mit ihm Verbindung hat. ER spricht nur durch mich! - Wieso Sie, Amigo? - Weil ich das rote Gewand trage."[4] Das Typische Woody-Allen-Chaos ist komplett, als „Kaiser" seine Auftraggeberin als Gott-mordende Existentialistin entlarvt. „Sokrates wirst du noch leicht los, aber Descartes gewinnt die Oberhand, also benutzt du Spinoza, um Descartes loszuwerden... Du wusstest, wenn irgend jemand Pascal glauben würde, wärst du 'ne tote Frau, also musstest du ihn auch loswerden, aber das ist der Punkt, wo du'n Fehler gemacht hast, weil du Martin Buber vertrautest. Ab-

---

[1] Woody Allen: Mr. Big, in: ders.; Allen für alle. Stories, München 1993, S. 35-45, erstmals in: Getting Even, 1966
[2] Z.B. Hammett und Chandler, s.o. S.5
[3] A.a.O., S. 40
[4] A.a.O., S. 42

gesehen davon, Puppe, war er ein Gefühlsdusel. Er glaubte an Gott, also hattest du Gott selbst loszuwerden."[1] Am grotesken Höhepunkt der Satire löst „Kaiser" das Problem auf seine Weise. Er drückt den Abzug der Kanone eine Sekunde früher als Claire. „Sie machte schnell schlapp, aber ich bekam es hin, ihr noch rechtzeitig alles beizubiegen. 'Die Offenbarung des Universums als einer komplexen Idee seiner selbst im Gegensatz zum Sein in oder außerhalb des wahren Seins von sich ist in sich ein begreifliches Nichts oder ein Nichts in Beziehung zu jeder abstrakten Form des Seienden oder Sein-Sollenden oder in Ewigkeit Existiert-Habenden ...' Das war ein subtiler Gedanke. Aber ich glaube, sie verstand, bevor sie starb."[2]

Ulrich Knellwolf, Züricher Pfarrer, hat einen Roman über das Thema Kirche, Macht und Moral geschrieben. In „Roma Termini"[3] heuern der Ökumenische Rat und der Vatikan gemeinsam den Ganoven Renato Bernhard an, um dem mittelamerikanischen Drogenkartell Einhalt zu gebieten - oder, wie sich herausstellt, es zu fördern. Der Ganove, ein konfessioneller Zwitter, ist fast der einzige anständige Mensch in einem Kirchenszenario, in dem katholische Finsterlinge in ihrer Machtgier und protestantische in ihrer Naivität miteinander wetteifern. Knellwolf sagt über seine Krimiambitionen: „Die Geschichten, die ich schreibe, sind Übungen. Proben für meine Predigten."[4] Verkündigung muss packend sein, denn ihre Bewährungsprobe besteht sie auf dem Markt, nicht auf der Kanzel. Jüngst hat er sechzehn biblische Kriminalfälle vorgelegt.[5] Seine Diebstahlversion des Sündenfalls Genesis 3 zeigt sich „vaterkritisch": „'Und Sie sind ein Luder', schimpfte der Vater weiter und schaute Eva an... Adam ist dann wirklich von seinem Vater angezeigt worden, und Eva wegen Mitwisserschaft auch. Beide kamen einigermaßen glimpflich mit einer Buße davon. Ihrer Beziehung tat das keinen Abbruch, im Gegenteil. Sie sind immer noch beisammen. Aber als sie nach der Verhandlung aus dem Gebäude des Bezirksgerichtes traten und beieinander bei der Hand hielten und sahen, dass draußen Adams Vater mit

---

[1] A.a.O., S. 43f
[2] A.a.O., S. 44f
[3] Ulrich Knellwolf: Roma Termini - Schmutzige Politik hinter den Kulissen des Vatikans, Frankfurt 1994
[4] Interview in: SPIEGEL-special 10/1995, S. 88 ff
[5] Ulrich Knellwolf: Adam, Eva und Konsorten, Zürich 1996

bemüht versöhnlichem Gesicht auf sie wartete, sagte Adam zu Eva: 'Findest du nicht, er sei ebenso schuldig wie wir? ... Ist, wer in Versuchung führt, nicht ebenso schuldig, wie wer der Versuchung erliegt?'"[1]

Anspruchsvolle Lektüre will Patrick Roths „Riverside"[2] sein. Es handelt sich um einen apokryphen Bibelkrimi voll verzwickter Sprache und Logik: „Deinen Mörder umarme, und befreie den Attentäter, und entlass ihn in deiner Umarmung, und wo ich nicht bin mehr leibhaftig und in Person, da bin ich dein Feind, dem du nicht vergeben hast, den du unumarmt und vergessen gelassen in dir."[3] Roth erzählt, wie der ungläubige Diastasimos gegen seinen Willen durch Jesus vom Aussatz befreit wird. Im Zuge der Detektion erkennt er sich im leidenden Christus wieder. Dieser hatte die Rolle eines Knechtes übernommen, um sich der Verfolgung durch das römische Militär zu entziehen. Jesus wird mit der Peitsche geschlagen und zeigt selbst die Merkmale des Aussatzes. Diastasimos erkennt darin das Mysterium stellvertretenden Leidens.

Theologie und Kriminalliteratur - die Detektion bringt uns auf die Spur nach einem dunklen Punkt in der Geschichte, von dem alles seinen Anfang nimmt. Exegetisches Verfahren hier: Suche nach Jesus, dem gekreuzigten Christus. Spannungsgeladene Detektion dort: eine mörderische Untat löst eine ganze Reihe von Ereignissen aus. Der Bezugspunkt des Glaubens ist ein Mord, das Kreuz Jesu. Dieser Krimi ist noch nicht zu Ende. Wir wetteifern noch mit dem Autor des Lebens, um die vielen Fragezeichen zu beantworten. Wer war es? Die Hypothesen fallen je nach theologischer Richtung unterschiedlich aus: der Vater selbst (Anselm), oder: die ungläubige Welt (Barth), oder: das Establishment (Sölle), oder: das in sich selbst verkrümmte Ich (Drewermann), oder: ...

Die Nacht ist angebrochen. Ich liege im Bett. In der einen Hand die Bibel, in der anderen ein Krimi. Ich lese und lese... bis die Augen zufallen.

---

[1] A.a.O., S.15f
[2] Patrick Roth: Riverside - Christusnovelle, Frankfurt 1991
[3] A.a.O., S.88

ALS DER GOTTESDIENST DAS LAUFEN LERNTE
Plädoyer für Familiengottesdienste[1]

Ich erinnere mich an einen Film. Gottesdienst. Die Gemeinde sitzt starr und stumm. Sie wartet. Worauf? Auf einen Prediger. In den Gesichtern der Erwachsenen ist keine Regung zu erkennen. Der Gottesdienst ist eine ernste Angelegenheit. Ein Kind langweilt sich zu Tode. Da betritt einer die Kirche. Ist das der Prediger? Nein, er hat sich offensichtlich verlaufen. Oder ist er auf der Flucht? Er bringt die Versammlung durcheinander. Denn er hat etwas zu sagen. Aber er besitzt - noch - keine Worte. David und Goliath. Seine Hände und Füße erzählen. Der ganze Körper. Er ist zugleich David und Goliath. Das Leben hält Einzug in die gottesdienstliche Versammlung. Die Erwachsenen sind empört. Das Kind ist begeistert. Mit einer Ohrfeige wird es zur Räson gebracht. Und der Verirrte landet wieder auf der Straße. Die Ruhe ist wiederhergestellt - und die Langeweile.

Diese Szene spielt in einem Chaplin-Film, „The Pilgrim", aus dem Jahre 1923. Als ich ihn vor vielen Jahren zum ersten Mal gesehen habe, dachte ich: So müssten wir Gottesdienst feiern! Dass das Leben zurückkehrt. Dass wir in der Begegnung mit dem Evangelium begeistert werden. Dass die christliche Gemeinde Fröhlichkeit ausstrahlt. Die europäischen Kirchen und ihre Nachfolger tun sich schwer damit. Die so genannten „jungen Kirchen" haben längst Gottesdienstformen entwickelt, die den Glauben erfahrbar und erlebbar machen. Bei uns ist der Gottesdienst in seiner traditionellen Gestalt eine Einbahnstraße: Einer spricht, die anderen hören zu. Das geschieht oft auf hohem intellektuellem Niveau. Schließlich hat der Prediger eine universitäre Ausbildung hinter sich gebracht. Dennoch verbreitet sich vielfach Langeweile. Die sonntägliche Hauptveranstaltung der Gemeinde verliert für Viele ihre Attraktivität. Und völlig verloren gegangen ist die reformatorische Einsicht, dass nicht der Pfarrer, sondern die Gemeinde den Gottesdienst feiert.

Die Chaplinade[2] stammt noch aus der Stummfilmzeit. Ihre Ausdrucksmittel sind begrenzt. In der Konzentration liegt aber auch eine Chance. So wie ein Taubstummer das Wort mit den Augen hört und

---
[1] Veröffentlicht in: Zeitschrift für Gottesdienst und Predigt, 4/98
[2] Charly Chaplin: The Pilgrim, 1923

Klänge mit seinen Fingerspitzen fühlt, werden Christen, denen die sonntägliche Kanzelrede fremd geworden ist, den ganzen Körper einsetzen müssen, um das Evangelium zu verstehen und sich in den Gottesdienst einzubringen. "Mit Herz, Mund und Händen ..." Der Gottesdienst ist auch eine Einladung zum Mitmachen.

Das Kind und die Erwachsenen. Man kann gemeinsam Gottesdienst feiern. "Nicht immer. Aber immer öfter ..." Immerhin lernen nicht nur die Kinder von den Erwachsenen, sondern auch die Erwachsenen von den Kindern (Mt 19, 13ff). Die Kinder können verschüttete Dimensionen unserer Gottesdienstkultur freischaufeln. Faustregel: Was die Kinder verstehen, verstehen die Erwachsenen auch. Nach Paulus entscheiden die "idiotai", die Nichteingeweihten, ob ein Gottesdienst angemessen ist.[1] - In vielen Gemeinden wird in Arbeitskreisen versucht, Formen der Beteiligung zu entwickeln. Die Entstehung jedes Gottesdienstes ist ein kleines Wunder. Meist ist die Vorbereitungszeit knapp. Dann werden Themen und Inhalte diskutiert, verworfen, diskutiert, verworfen. Plötzlich hat jemand eine Idee. Der Funke springt über.

Oft hilft ein Symbol "auf die Sprünge". Auch Jesu Erzählen orientiert sich am Vertrauten: Brot des Lebens (Joh 6,48), Licht der Welt (Joh 8,12), Türe zu den Schafen (Joh 10,7), der Hirte (Joh 10,11), der Weg (Joh 14,6), die Blume (Mt 6,28) .[2] Das Alltägliche, verdichtet im Symbol, kommt ins Gespräch mit Gottes Verheißung. - Ein Spiel lädt zum Mitmachen ein. Die Dimensionen biblischer Geschichte können im Gottesdienst ausprobiert und entfaltet werden. Das ersetzt nicht die historische Exegese, sie führt sie jedoch weiter. - Bilder schaffen mit ihrer Zeichensprache neue Zugänge zu Glaubensfragen. Werden sie im Vorfeld von vorbereitenden Gruppen gemalt, eröffnen sie Möglichkeiten der Beteiligung. - Die Musik kommt oft nicht von der Orgel, sondern von einer Band. Jedenfalls hält moderne geistliche Musik Einzug. Manchmal bekommen Melodien aus den Charts einfach einen neuen Text, der zum Gottesdienstthema passt. So sind auch die alten Kirchenlieder entstanden.

---

[1]Vgl. Walter Hollenweger: Glauben lernen wie das Violinspiel, in: EvKomm 6/93, S. 345
[2]vgl. Erhard Domay (Hg.): Vorlesebuch Symbole. Geschichten zu biblischen Bildwörtern. S. 10 ff.

Auch die Schwierigkeiten sollen nicht verschwiegen werden. Familiengottesdienste haben einen gewissen Hang zu "natürlicher Theologie", die berühmte Suche nach dem "Anknüpfungspunkt". Damit verbundene theologische Klippen sind bekannt. Es findet eine Verschiebung des Themenspektrums statt: Schöpfung, Paränese, erzählende Bibeltexte bekommen ein Übergewicht gegenüber Paulus und der theologia crucis. Die Entwicklung neuer Gottesdienstformen stellt eine enorme Bereicherung dar. Die Revision der Lebensordnungen in einigen Landeskirchen wird diesem Umstand Rechnung tragen. Dadurch wird der traditionelle Predigtgottesdienst nicht ersetzt. Beide Formen leben fröhlich nebeneinander und ergänzen sich.

KREUZ UND RECHTFERTIGUNG
Peter Beiers theologische Konstanten[1]

Kreuz und Rechtfertigung als theologische Konstanten

Peter Beier, Pastor[2] - ein Mensch mit vielen Schattierungen. Er stand mit beiden Beinen auf der Erde - und war ein Visionär der Kirche, immer gut für Überraschungen und neue Konzepte. Er suchte den Dialog mit Menschen aus Industriearbeit, Wissenschaft, Wirtschaft, Kunst und Kultur - und blieb ein Solitär. Klartext war ihm lieber als theologische Glasperlenspiele - aber seine Sprache entwickelte eine eigene Poesie. In den achtziger Jahren wurde er zum Wortführer der kirchlichen Friedensbewegung - das tat seiner Verehrung für Friedrich den Großen keinen Abbruch, seinen Schreibtisch zierten Zinnsoldaten. Spannungen, die Geistesgegenwart provozierten. Das machte die Faszination aus, die von seiner Persönlichkeit ausging.

Solch weiter Horizont war eingebettet in theologische Orientierungspunkte. Peter Beiers Denken hatte zwei Konstanten: Kreuz und Rechtfertigung. Hier ist das Maß des Lebens, das Maß des Glaubens

---
[1] Veröffentlicht in: Stefan Drubel, Klaus Eberl (Hg.): Das Maß ist uns gegeben, Neukirchen Vluyn 2002, S. 15 ff
[2] Bundespräsident Johannes Rau staunt über die selbst gewählte Amtsbezeichnung des rheinischen Präses, in: Frei werden. Dürener Predigten von Peter Beier 1963-1970, hg. v. Stefan Drubel, Düsseldorf 2000, S. 13

fest verankert. Beide Themen sind miteinander verbunden. Die Rechtfertigungslehre bewahrt die Kreuzestheologie vor dem Abgrund wirklichkeitsferner Mystik. Das Kreuz wiederum ruft den gerechtfertigten Sünder in die Nachfolge und hält Glaube und Gehorsam beieinander.

Kreuzestheologie

Peter Beier war ein Wortzauberer, der sich dem Thema Kreuz in immer neuen Anläufen näherte, poetische Zugänge erprobte, Unterrichtstexte entwarf, mit der theologischen Tradition virtuos umging, bis das Unsagbare den Konfirmanden, den Gottesdienstbesuchern, den Zeitgenossen einleuchtete. In Kurzform heißt das: Im Gekreuzigten ist die Menschenfreundlichkeit Gottes erschienen. „Denk mal nach ... mit Luther", ein Katechismusversuch im Auftrag der EKU, formuliert zum Zweiten Artikel des Glaubensbekenntnisses: „Ich glaube, dass Jesus Christus, ganz Mensch und Gottes Sohn, sei mein Herr. Für mich verkehrten Menschen ließ er sein Leben: Ich war's ihm wert. Er lebt, ist Gottes Wort für mich und alle Menschen. Im Leben und im Sterben gehör ich ihm allein. Ihm nachzufolgen bin ich da. Das dank ich ihm von Herzen."[1] Wesentliche Facetten seiner Theologie scheinen hier auf: die Verschränkung der Kreuzestheologie mit der Rechtfertigungslehre, die Freiheit von Schuld und Todesfurcht, der universale Horizont des Glaubens, der Ruf in die Nachfolge und die Verantwortung für die Welt.

Mit der Beschreibung der Theologie des Kreuzes als Grundlage protestantischen Denkens und Handels befindet sich Peter Beier in der Tradition der Reformation. Martin Luther spitzt in der Heidelberger Disputation von 1518 seine christozentrischen Thesen zu: „Also liegt in Christus dem Gekreuzigten die wahre Theologie und Erkenntnis Gottes."[2] Das Kreuz steht in der Mitte der Kirche und der Welt. Hier hat sich evangelische Kirche zu verorten. Es stellt Mensch und Welt radikal in Frage und erfüllt in und an der Kirche kritische Funktion. Deshalb bleibt das Kreuz ein ambivalentes Zeichen. Als Kultgegen-

---

[1] Denk mal nach ... mit Luther: der kleine Katechismus - heute gesagt, hg. von Kirchenkanzlei der EKU, Gütersloh 1989, S. 92. Die Katechismustexte wurden von Peter Beier entworfen und dann in der Redaktionsgruppe diskutiert und ggf. bearbeitet.
[2] Martin Luther: Gesammelte Werke. Hg. von Kurt Aland, Göttingen 1991, Bd. 1, S. 389

stand, als Schmuckstück gar, ist es vielfach zum religiösen Inventar geworden, nicht mehr in der Lage, seine provokative Kraft zu entfalten. Demgegenüber betont Peter Beier den Skandal des Kreuzes, das sich jeder Domestizierung entzieht. „Natürliches Gefühl, Sensibilität für Zumutbares, Empfinden für Humanität, logisches Denken und Geschmack sehen sich im Kreuz verhöhnt - und zwar schon immer, nicht erst heute. Das kann doch nicht wahr sein: ein zerbrochener Mensch am Kreuz, totgeschunden, als Vollender göttlichen Willens, als Heil der Welt."[1] Protest gegen das Kreuz und gegen die Kreuzestheologie erscheint deshalb verständlich. Beier warnt geradezu davor, das Kreuz als eine menschlicher Vernunft leicht zugängliche Sache darzustellen. Mystifikation, esoterische Konstrukte und bürgerliche Religiosität weichen der Wirklichkeit des Kreuzes aus. „Aber nun stand dieses Kreuz unter diesem Himmel, unter dieser Sonne. Nicht bloß symbolisch, sondern wirklich, blutig. Und an diesem Kreuz verendete der Mann, den der Glaube das Wort Gottes nennt. Das Kreuz ist Zeichen des Wirklichen."[2]

Predigt des Gekreuzigten

In den Koordinaten des Kreuzes ist Gott verbunden mit Mensch und Welt. Darum drängt die Predigt des Gekreuzigten „aus dem Tempel auf das Forum", hat also politische Wirkung. In einer Thesenreihe beschreibt Peter Beier das homiletische Verfahren. Er unterscheidet Schriftbezogenheit und Schriftgemäßheit. Der Schriftbezug in der Predigt des Gekreuzigten geschieht unter radikaler Anwendung der Methoden historisch-kritischer Forschung. Solche „Knochenarbeit" gehört zu den handwerklichen Regeln, die eingehalten werden müssen. Schriftgemäßheit ist etwas anderes, eine unmögliche Möglichkeit, ein unverfügbares Geschenk. „Nimmt Christus das Wort im Worte irrtumsfähiger Menschen, so reden alle heiligen Engel mit und Gott gibt die Melodie dazu. Das muss die Gemeinde nicht merken. Das muss der Prediger nicht merken. Aber der eine oder andere mag es wohl merken, erschrecken und hinter Christus hergehen."[3]

---

[1] Peter Beier: Der Skandal des Kreuzes, in: Ders.: Übergänge, hg. von Christian Bartsch, Düsseldorf 1999, S. 90
[2] A.a.O., S. 91
[3] eter Beier: Die Predigt und die Schrift und das Wort, ZGP 2/1986, S. 28f.

Peter Beier war, welche Aufgabe er auch übernahm - Gemeindepfarrer, Superintendent, Präses, theologischer Lehrer - in seinem Selbstverständnis stets Prediger des Evangeliums, verbi divini minister. Es kann deshalb nicht verwundern, dass die Kreuzestheologie Leitmotiv seiner Predigtarbeit blieb, in ihrer kritischen Funktion „antireligiös, antidogmatisch und antiklerikal."[1]

Eine Predigt über die erste Leidensankündigung Jesu (Mt 16,21-26) am Anfang seiner pfarramtlichen Tätigkeit in Düren, Sonntag Reminiscere 1963, präsentiert die Grundfrage des Glaubens: Wer ist Jesus? Vertraute Bilder werden Antworten erprobend angeboten: Narr, Held, Sisyphos. Sie sind jedoch untauglich, um die Grundfrage zu beantworten. Jesus ist nicht Narr oder stolzer Überwinder, sondern der Gehorsame, der in die Nachfolge ruft. Das hat Konsequenzen. „Die Gemeinde, die Christen kommen am Kreuz nicht vorbei. Sie stehen auf dem Weg, den Jesus vorangegangen ist. Sie haben jetzt ihr Kreuz zu tragen. Es ist nicht das Kreuz Jesu, sondern ihr eigenes!"[2] Die Gemeinde kann sich nicht ihrer Werke rühmen. In der Nachfolge ist die Berufung auf eigene Leistungen ausgeschlossen. Die menschliche Sucht, immer erfolgreich und glücklich zu leben, wird als frommer Selbstbetrug entlarvt. Durch die Übernahme des Kreuzes befreit vom „Mahl- und Räderwerk unseres Erfolgsdenkens"[3] können Christen sich trotz aller eigenen Leidenserfahrungen anderen Menschen vorbehaltlos hingeben. Eine Hingabe, die voller Verheißung ist: „Wir sollen auferstehen aus der Furcht in die Freude, aus der Trägheit in die Glut des Glaubens, aus dem Tod ins Leben."[4] Ein Vierteljahrhundert später, wiederum am Sonntag Reminiscere, stellt Peter Beier nochmals die Christusfrage. Er hält die Predigt zur Einführung in das Präsesamt über Johannes 8,21-30, Jesu Selbstzeugnis über seinen Fortgang. Die Frage wird variiert: „Wer bist du? Wer bist du denn? Wer bist du überhaupt? Wer bist du denn schon?"[5] So fragt das Volk, „Ochlos", unförmige Masse. Dahinter steckt oft

---

[1] Ebd.
[2] Frei werden. Dürener Predigten von Peter Beier 1963-1970, hg. v. Stefan Drubel, Düsseldorf 2000, S. 39
[3] A.a.O., S. 41
[4] A.a.O., S. 42
[5] Peter Beier: Wer bist du? (1989) in: Ders.: Übergänge, hg. von Christian Bartsch, Düsseldorf 1999, S. 48

Gleichgültigkeit, Geringschätzung oder auch Neugier. Mit dieser Ausgangssituation müssen die Kirche und die Predigt des Evangeliums umgehen. Sie ist Teil unserer Wirklichkeit. Peter Beier entfaltet seine Antwort in kraftvoller Sprache:

> „Wer bist du?
> Er (Jesus) antwortet: Ich bin der, der erhöht wird.
> Durch euch, euretwegen, an eurer Statt - für euch.
> Ich verliere das Leben und gewinne es.
> Der Verlierer ist der Sieger.
> Erhöht stehe ich vor dem Vater,
> für den Vater, Richter und Retter in einem,
> der gekreuzigte Lebendige.
> Wer das erkennt, hat alles erkannt - erkennt,
> was die Welt im Innersten zusammenhält:
> die Liebe, die am Kreuz hängt, sich an die Welt verliert
> und deshalb nie mehr aus der Welt zu schaffen ist.
> Das ist einfach zu verstehen.
> Sage ja niemand: Das verstehe ich nicht.
> Liebe, zumal die gekreuzigte, macht sich immer verständlich.
> Für uns kommt es also nicht darauf an,
> die Welt nach unseren Plänen zu verändern,
> den Menschen nach unserem Geschmack neu zu entwerfen,
> sondern den Erhöhten zu erkennen.
> Der Glaube entscheidet im Zweifel immer für diese Liebe.
> Die ändert alles.
> Nicht wir ändern uns."[1]

Wenn der Gekreuzigte zur Buße ruft, wenn er sagt, wer wir sind - Sünder, Abgesonderte nämlich -, ist von den Menschen, die ihre Hoffnung ans Kreuz binden nur eines zu erwarten: „dass sie der Liebe des am Kreuz erhöhten nicht rechthaberisch und unnütz im Wege stehen."[2]

Nur von dieser Mitte her erschließt sich auch die Gottesfrage. Gott hat sich verbunden mit der geschundenen Gestalt Jesu, eine Ortsangabe mit Folgen für den Glauben, mit Folgen für die Kirche. In einer

---

[1] A.a.O., S. 52
[2] A.a.O., S. 53

Predigt am Karfreitag 1986 über Daniel 5 und Matthäus 27,35-37 sagt er: „Flieh unter das Kreuz ... Ganz unten. Da ist Golgatha. So weit herunter wie Jesus kommt keiner. Gott selbst ist unten. Das eben lernen wir staunend und erschüttert unter dem Kreuz neu: Gott, das ist nicht der Gott von oben, der mit der Allmachtsfratze Belsazars verwechselbar wäre, nicht der, der unter der Maske eines wahnsinnigen Tyrannen alles zu Tode regiert. Gott haben wir nur und ausschließlich ein für alle mal und unwiderruflich und bleibend an unserer Seite in der verhöhnten, geschundenen Gestalt Jesu von Nazareth. Ganz unten."[1]

Dem Gekreuzigten vertrauen und gehorchen - die ungeschriebene VII. Barmer These

Im Zusammenhang mit dem 50. Jahrestag der Barmer Theologischen Erklärung 1984 formuliert Peter Beier eine „7. These":

„Wie lange hinket ihr auf beiden Seiten? (1Kön 18,21)

Es sind die Reiche dieser Welt unsres Herrn und seines Christus geworden, und er wird regieren von Ewigkeit zu Ewigkeit. (Apk 11,15)

Jesus von Nazareth, der Christus Gottes, wie ihn die Schriften des Alten und Neuen Testaments bezeugen, ist das eine Wort Gottes, dem wir im Leben und im Sterben vertrauen können und zu gehorchen haben. Der Gekreuzigte und Auferweckte ist der Herr der Kirche und der Welt.

Wir verwerfen die falsche Lehre, als könne und dürfe die Kirche an der Quelle der Verkündigung sitzend die Welt sich selbst überlassen.

Wir verwerfen die falsche Lehre, als seien Gesellschaften souverän, die Natur zu zerstören, das Eigentum zu vergötzen und anderen Völkern Brot und Gerechtigkeit vorzuenthalten.

---

[1] Peter Beier: Predigt am Karfreitag 1986 über Daniel 5 und Matthäus 27,35-37 in der Christuskirche Düren, abgedruckt in der Schrift der Ev. Gemeinde zu Düren zur Verabschiedung 1989, S. 43

Wir verwerfen die falsche Lehre, als seien Staaten souverän, Massenvernichtungsmittel herzustellen und einzusetzen, Kriege zu führen und Ausbeutung zu dulden.

Wir verwerfen die falsche Lehre, als könne die Kirche unter Verzicht auf Parteilichkeit und politisches Profil ihre Freiheit bewahren.

Wir verwerfen die falsche Lehre, als sei das Leiden der Kreatur durch das Leiden Christi zu rechtfertigen."[1]

Der zeitgeschichtliche Kontext ist hoch politisiert. In Deutschland wird über den Nato-Doppelbeschluss gestritten. Der Text übernimmt die Struktur der Barmer Thesen. Vorangestellte Schriftworte stellen den Bezug zu den Urkunden des Glaubens her. Es folgt eine christologische These, die die Königsherrschaft Christi betont. Daraus ergeben sich fünf aktuelle Verwerfungen. Die erste und vierte Verwerfung ist innerkirchlicher Natur und richtet sich gegen fromme Selbstgenügsamkeit und ängstliche Selbstbeschränkung einer Kirche, die nicht ihre evangelische Freiheit gebrauchen kann und will. Die anderen Verwerfungen richten sich gegen die Vergötzung des Eigentums und die Schande der Armut und Ungerechtigkeit, gegen die Herstellung und den Einsatz von Massenvernichtungsmitteln, gegen die Rechtfertigung des Leidens der Kreatur. Peter Beier spricht in diesem Zusammenhang von Lehre, denn hinter den Mächten der Zerstörung und des Todes steckt nach seiner Überzeugung System.

Das Kreuz ruft in die Nachfolge. Der Glaube hat Folgen. Dabei verfällt er nicht moralinsaurer Gesetzlichkeit oder Besserwisserei. Die Folgen entfalten evangelische Freiheit. Sie sind Selbstverständlichkeiten, nicht ethische Konzepte, die die Kirche der Welt vorhalten könnte. Das soll an der Friedensfrage, am industriellen Wandel und an der Frage der deutschen Geschichte exemplarisch verdeutlicht werden.

---

[1] Peter Beier: Barmen aktuell, in: Verhandlungen der 2. Tagung der 6. Synode der EKU - Bereich Bundesrepublik Deutschland und Berlin West - 31.3.-3.4.1984, hg. im Auftrag des Rates von der Kirchenkanzlei der EKU, Berlin 1984, S. 26f

Das Kreuz und die Folgen

Wer auf das Kreuz schaut, bekommt es mit sich selbst zu tun, eine oft schmerzhafte Erfahrung. Wirklichkeitsflucht ist nicht erlaubt. Peter Beier hat sich der persönlichen und gesellschaftlichen Geschichte gestellt. Sie wird zum Prüfstein theologischer Erwägungen. Der Blick auf den Geschundenen am Kreuz von Golgatha macht sensibel für die Geschundenen am Wegrand des Lebens. „Geschichten sitzen mir in der Seele, an denen ich mich immer noch wundreibe ... Ich hatte nämlich einen Bruder, vierzehn Jahre älter als ich. Der gehört zu den 30.000 U-Boot-Fahrern, die geblieben sind; ein Leutnant zur See auf U 635, von Feindfahrt nicht zurückgekehrt. Ich kann mir jetzt vorstellen, wie der, einundzwanzig Jahre jung, umkam. Mir gegenüber hat niemand von den überlebenden kommandierenden Herrschaften je die Verantwortung für den Tod meines Bruders übernommen. Deshalb rede ich hier! Damals trug ich, kaum elf Jahre alt, Uniform; braunes Hemd, schwarze Hose, Schulterriemen, Bann-Nummer 806, Gau Niederschlesien. Ich hatte ein von Propagandasprüchen verrottetes Gehirn. Es hat lange gedauert, bis ich den Rotz los war. Ich habe gelernt, misstrauisch zu sein gegen jede Art Propaganda, die mir vorschreibt, wer mein Feind ist."[1] Sein Engagement in der Friedensfrage, das ihn als Gegner der Atombewaffnung, nicht aber als prinzipiellen Pazifisten das Wort nehmen ließ, wird vor diesem biographischen Hintergrund plausibel. In den 80er Jahren galt das Gebiet des Kirchenkreises Jülich als Region mit der weltweit höchsten Atomwaffenkonzentration. Peter Beier organisierte den kirchlichen Protest gegen die Hochrüstung und mobilisierte 1983 eine Großdemonstration in Jülich, zu der viele rheinische Superintendenten aufriefen. „Darum bekennen wir, dass der Glaube an den Gekreuzigten und Auferweckten gehorsamer Glaube ist. Wir verwerfen den Versuch, den Glauben vom Gehorsam zu trennen. Christlicher Gehorsam aber, bleibt er an Christus gebunden, hat Folgen, die in den politischen, sozialen und ökonomischen Handlungsfeldern sichtbar werden. ... Die Kirche Jesu Christi kann und darf die Anhäufung von und Drohung mit Massenvernichtungsmitteln nicht mehr gutheißen oder in irgend einer Weise rechtfertigen."[2]

---

[1] Peter Beier: Rede anlässlich der Friedensfahrt am 27.9.1981
[2] Peter Beier: Superintendentenbericht, Kreissynode Jülich am 8.11.1986 in Düren

Zu den Geschundenen gehören auch die Opfer des industriellen Wandels. Der Kirchenkreis und die Gemeinde hatten solche Prozesse schmerzhaft zu bewältigen. Deshalb verlor er die Option einer solidarischen Gesellschaft nicht aus dem Blick. Es ging nicht um Reich-Gottes-Phantasien, die die Unterscheidung von Letztem und Vorletztem verwischen. Alles Schwärmerische war ihm fremd. Er pochte auf den notwendigen Komparativ, die Verbesserung der Lebensbedingungen, der sozialen Standards, den nächsten, eigentlich unaufschiebbaren Schritt. Im Kirchenkreis wurde ein Referat Kirche und Gesellschaft aufgebaut, das diese Arbeit fachlich begleitete. Ob um die Schließung der Steinkohlezechen oder um die sozialen und ökologischen Folgen des Braunkohletagebaus gerungen wurde, stets wurden die fatalen Folgen analysiert und bearbeitet - in den Koordinaten des Kreuzes die Koordinaten menschlichen Elends. In seiner Einführungspredigt in das Präsesamt setzt er sich für die Bergleute im Kirchenkreis ein und ruft dem damaligen Ministerpräsidenten Johannes Rau zu: „Ist aber Jesus der Erhöhte, der die unteilbare Liebe Gottes zum Menschen und zur Welt vollzieht, dann können wir nicht untätig und schweigsam im Schatten des Kreuzes sitzen bleiben. Darum sind am Ende einige Zurufe und freundliche Bitten nötig: ... Herr Ministerpräsident, lieber Bruder, es muss doch möglich sein, den fünftausend Bergleuten in Hückelhoven nicht sofort den Deckel auf den Pütt zu knallen, um Zeit zu gewinnen für Perspektiven und eine lobenswerte Zukunft."[1] Als Schreckgespenst steht eine Drittelgesellschaft vor Augen. Ein Drittel wohlhabend, ein Drittel in ängstlicher Sorge, ein Drittel im sozialen Abseits. Über Jesaja 58,7-9, „Brich dem Hungrigen dein Brot", predigt er: „Eine Gesellschaft, die sich weigert, den Anwälten der Schwachen Gehör zu schenken, verspielt ihre Zukunft. Ein Staat, der nicht in der Lage ist, die Schwachen vor den Ellenbogen der Starken zu schützen, verliert seine Würde."[2]

Neben dem sozialen Kontext ist der geschichtliche Kontext zu beachten. Wer auf das Kreuz schaut, gedenkt. Der Begriff des

---

[1] Peter Beier: Wer bist du? (1989) in: Ders.: Übergänge, hg. von Christian Bartsch, Düsseldorf 1999, S. 53
[2] Peter Beier: Brich dem Hungrigen dein Brot (1993), in: Ders.: Übergänge, a.a.O., S. 439

"Gedenkens" hat in der Heiligen Schrift besondere Qualität. Der lebendige Gott erinnert nicht nur. Im Akt des Gedenkens vergegenwärtigt er und nimmt zugleich die Zukunft in den Blick. Peter Beier entfaltet diesen Gedanken, indem er in besonderer Weise die Erneuerung des Verhältnisses von Christen und Juden voranbringt. Gegen alle Verdrängungsversuche im Prozess der Auseinandersetzung mit der deutschen Vergangenheit[1] betont er die Kontinuität von Schuld und Geschichte. An der Todesmauer in Auschwitz sagt er:

„Gedenkt!
Erinnert nicht nur!
Erinnerung atmet flach.
Gedächtnis atmet tief.
Erinnerung spielt sentimental.
Gedenken arbeitet schwer
und ist ein Werk des Glaubens,
der weiß:
Vergangenheit ist nie vergangen,
Tote sind nicht nur tot,
im Haus wohnt das Gestern,
und die Zukunft braucht langes Gedächtnis."[2]

Grundlage seiner Bemühungen war die Überzeugung, dass Jesus, der Gekreuzigte, den die Prädikate „Christus" und „Gottessohn" auszeichnen, Jude ist und bleibt. Ebenso bleibt die Erwählung Israels, der Augapfel Gottes[3], erhalten. Seit 1980 wurde in der Evangelischen Kirche im Rheinland über diese Frage leidenschaftlich diskutiert. Auf der Landessynode 1996, der letzten, die Peter Beier leitete, wurde mit einer Änderung des Grundartikels der Kirchenordnung der entstandene Konsens in den Gemeinden festgehalten: „Sie (die Kirche) bezeugt die Treue Gottes, der an der Erwählung seines Volkes Israel festhält. Mit Israel hofft sie auf einen neuen Himmel und eine neue Erde."

---

[1] Im Superintendentenbericht für die Kreissynode Jülich am 5.11.1988 setzt er sich mit dem Historikerstreit, der „Gnade der späten Geburt" und dem 50. Jahrestag der Pogromnacht auseinander.
[2] Peter Beier: An der Todesmauer in Auschwitz (1993), in: Ders.: Übergänge, hg. von Christian Bartsch, Düsseldorf 1999, S. 140
[3] Vgl. Peter Beier: Israel - Augapfel Gottes (1995), in: Ders.: Übergänge, a.a.O. S 121

Das Kreuz ist der Ort der Versöhnung. Versöhnung mit Gott, Versöhnung zwischen Menschen und Völkern. An der Spitze einer Delegation rheinischer Christen reiste Peter Beier 1991 am 50. Jahrestag des Einmarsches deutscher Truppen in die Sowjetunion nach Pskow, um Versöhnung konkret zu buchstabieren und verlässliche Brücken zwischen den Völkern zu bauen. Aus seiner Initiative sind inzwischen vielfältige Projekte der Begegnung und der humanitären Hilfe hervorgegangen. Wiederum erscheint Versöhnungsarbeit nicht als moralisches Postulat, sondern als selbstverständliche Frucht der „Freiheit eines Christenmenschen". „Wir setzen gegen den Wahn den Ruf zur Vernunft. Wir setzen gegen die böse Erfahrung das Gebet, nicht die Hoffnung auf bessere Zeiten, sondern die Hoffnung, dass Gott die Welt und seine Menschen aus freien Stücken liebt. Und wir fragen jeden, der anfangen wollte, Hass zu säen und den Sturm zu rufen, eine einfache Frage: ‚Sage mir, Freund, welches Interesse sollte ein Bäckermeister aus Pskow haben, einen Bäckermeister aus Köln zu erschlagen? Welches Interesse sollte ein Arbeiter aus Berlin haben, einen Arbeiter aus Pskow zu töten? Versöhnung unter den Völkern ist nur möglich, wenn Menschen sich versöhnen.'"[1]

Auferweckung des Gekreuzigten

Es geht um Hoffnung angesichts des Leidens, angesichts der Schuld, angesichts des Todes. Hoffnung, die sich niemand selbst verschaffen kann. Deshalb spricht er im Blick auf österliche Hoffnung lieber von Auferweckung als von Auferstehung, um das Missverständnis auszuschließen, es handle sich hier um etwas Selbstmächtiges. Sie kommt von außen her, von Gott, der Jesus vom Tode auferweckt. Gott selbst hat das schreckliche Geschehen der Hinrichtung am Kreuz heilvoll gewendet.

Peter Beier nähert sich dem Thema mit der praktischen Erfahrung des Gemeindepfarrers, der Sterbende begleitet, Trauernde tröstet und Tote beerdigt. Eine Unterscheidung ist nötig, die Unterscheidung von Sterben und Tod. Er sagt Ja zum Sterben als letztem Werkstück des Lebens, aber Nein zum Tode, der durch die Auferweckung Christi

---

[1] Peter Beier: Eine Welt ohne Kriege (1991), in: Ders.: Übergänge, hg. von Christian Bartsch, Düsseldorf 1999, S. 262

besiegt ist.[1] Das nüchterne Akzeptieren des Sterbens steht dem Protest gegen den Tod gegenüber. „Der Tod droht mit dem Sterben. Aber Tod und Sterben sind nicht mehr dasselbe für die Menschen der Hoffnung. Gestorben ist Jesus, das ist wohl wahr. Aber sein Sterben war nicht sein Tod, wie unser Sterben nicht unser Tod zu sein braucht. Und was folgte daraus? Unsere Toten sind in guten Händen."[2]

Im Laufe der Zeit ändert sich bei Peter Beier das Verständnis der Osterbotschaft. Ursprünglich war er von Bultmanns existentialer Interpretation begeistert, Ostern beschreibe die Heilsbedeutung des Kreuzes.[3] Später verschieben sich die Akzente. Er wendet sich gegen Spiritualisierungen jeder Art. Orientierungspunkt ist nun die Leiblichkeit des Menschen und die Wirklichkeit der Fleischwerdung Gottes. Daraus folgt ein geradezu materialistisches Verständnis der Auferweckung. Denn der Mensch ist Materie. Erlösung des Menschen kann nicht geistig gemeint sein. „Denn darauf zielt der Glaube, darauf, dass der Staub ... auf den Ruf Gottes wartet und sich materialisiert zum neuen Leib."[4] Ist das Kreuz Zeichen des Wirklichen, dann muss auch von Tod und Auferweckung in diesem Horizont geredet werden.[5] Und in diesem Horizont gehandelt werden. Beiers Verständnis der Auferweckung des Gekreuzigten hat pastoraltheologische Dimensionen. Er rät den Pastorinnen und Pastoren, die Nähe zu den Sterbenden herzustellen, im Trauerbesuch der Kraft des Wortes Gottes und des Gebetes zu vertrauen, die

---

[1] Vgl. Peter Beier: Nein zum Tode - Ja zum Sterben. Ein Lesebuch, Neukirchen-Vluyn 1991

[2] Peter Beier: Was hilft uns, Abschied zu nehmen beim Sterben? Unser Reden und Handeln und unsere Hoffnung angesichts des Todes (1993), in: Ders.: Übergänge, hg. von Christian Bartsch, Düsseldorf 1999, S. 448

[3] Rudolf Bultmann: Neues Testament und Mythologie. Das Problem der Entmythologisierung der neutestamentlichen Verkündigung, in: Kerygma und Mythos, hg. v. H.W. Bartsch, Hamburg 1960[4], Bd. I, S. 15ff

[4] Peter Beier: Was hilft uns, Abschied zu nehmen beim Sterben? Unser Reden und Handeln und unsere Hoffnung angesichts des Todes (1993), in: Ders.: Übergänge, hg. von Christian Bartsch, Düsseldorf 1999, S. 453.

[5] Beier grenzt sich scharf von den Thesen des Neutestamentlers Gerd Lüdemann ab, der der Kirche „Verdummung der Gläubigen" vorwirft, denn Jesus sei nicht leiblich auferstanden. Ein geplantes Streitgespräch kam wegen des plötzlichen Todes nicht zustande. Vgl. dazu: Bertold Klappert: Theologisches Vermächtnis, in: EvKomm 2/1997, S. 85f

Trauernden zu Hause aufzusuchen, die Bestattung von der Kirche aus zu gestalten, bei der Aussegnung keine Scheu vor einem Handeln an Verstorbenen zu haben. Der Wirklichkeit des Kreuzes entspricht die Wirklichkeit der Auferweckung.

Rechtfertigung

Wer ist der Mensch, der sich durch Gottes Tat in einer neuen Realität befindet? Er ist ein gerechtfertigter Sünder, ein Mensch, den ein tiefer selbst verursachter Riss von Gott trennt. Aber über dem Abgrund liegt das Kreuz wie eine begehbare Brücke. Ins Persönliche gewendet beschreibt Peter Beier die Existenz des gerechtfertigten Sünders folgendermaßen: „Ich bin der Mensch, der seinem Dasein nicht aus eigener Kraft Sinn verschaffen kann. Ich bin der Mensch, dessen Würde nicht in seinen Leistungen ruht. Ich bin der Mensch, der Gott, den Mitmenschen und sich selbst alles schuldig bleibt. Ich bin der Mensch, der sich bemüht und dessen Mühe zu nichts führt. Ich bin der Mensch, der sich nicht kennt. Ich bin der Mensch, der abgesondert lebt vom Ursprung. Ich bin der Abgesonderte, der Sünder. Ich bin noch längst nicht ‚Ich'. Ich bin darum ganz und gar und restlos und dauernd und ohne Wenn und Aber auf Gnade angewiesen."[1]

In dieser Selbstbeschreibung des Christen entwickelt der Protestantismus sein Profil, ein Maßstab, der von Paulus entdeckt wurde (Röm 3,28), den die Reformatoren aufnahmen und der heute gleichermaßen evangelischer Kirche ein unverwechselbares Gesicht verleiht. Nicht ihre Liberalität, die diakonischen Leistungen oder die Rolle als moralische Instanz weisen ihre Daseinsberechtigung aus. Sie hat nichts vorzuweisen und ist kein Selbstzweck. Ihre einzige Bestimmung ist es, sich von Gott den Gekreuzigten und Auferweckten vor Augen halten zu lassen, und die Liebe, die sich darin zeigt, zu erproben.

Im ersten Präsesbericht vor der Landessynode der Evangelischen Kirche im Rheinland, im Januar 1990, beschreibt Peter Beier alle für die Kirche bedeutsamen Ereignisse von diesem Grundmaß her. Er ist von der Aktualität der reformatorischen Rechtfertigungslehre tief

---

[1] Peter Beier: Reformation als Auftrag (1989), in: Ders.: Kirche ist anders, Neukirchen-Vluyn, 1990, S. 36

überzeugt und übersetzt Confessio Augustana (CA) IV[1] in eine neue, undogmatische Sprache. Vergebung der Sünde ist Gottes Handeln an Kirche, Mensch und Welt, ist Erlaubnis zum Leben, die vor dem Sturz in das Nichts bewahrt. Sünde ist kein ethisches Defizit, sondern Identitätsverlust und Aufruhr gegen Gott. Verdienst und Werke sind Selbstrechtfertigungsversuche, die den Frieden mit Gott und den Menschen verfehlen. Der Glaube ist das Urvertrauen, das sich an Jesus Christus als das eine Wort Gottes (Barmen I) bindet. Dieser Glaube lässt Menschen bekennen:

> „Ich, ein elender Mensch,
> Gottes unendlich bedürftig,
> blind für das Leben,
> wie es gedacht war,
> ohne zu wissen,
> was rechts und was links ist,
> bin geliebt wie ich bin;
> kein Schuldner der Schuld,
> keine Beute des Todes,
> sondern Christus zu eigen,
> für immer.
> Ja - darauf bleib ich,
> Amen."[2]

Sprachgewaltig entfaltet Peter Beier den Artikel, mit dem die Kirche steht und fällt. Poesie ist für ihn nicht eine Form, sich der Kunst zu nähern, sondern der Wirklichkeit.[3] In dieser Wirklichkeit der in Kreuz und Rechtfertigung angebotenen Menschenfreundlichkeit

---

[1] CA IV: „Weiter wird gelehrt, dass wir Vergebung der Sünde und Gerechtigkeit vor Gott nicht durch unser Verdienst, Werk und Genugtuung erlangen können, sondern dass wir Vergebung der Sünde bekommen und vor Gott gerecht werden aus Gnade um Christi willen durch den Glauben, nämlich wenn wir glauben, dass Christus für uns gelitten hat und dass uns um seinetwillen die Sünde vergeben, Gerechtigkeit und ewiges Leben geschenkt wird. Denn diesen Glauben will Gott als Gerechtigkeit, die vor ihm gilt, ansehen und zurechnen, wie der Hl. Paulus zu den Römern im 3. und 4. Kapitel sagt."
[2] Peter Beier: Das Maß aber ist gegeben (1990), in: Ders.: Kirche ist anders, Neukirchen-Vluyn 1990, S. 56
[3] Kritisch zur Sprache Beiers äußert sich Stephan Kiepe-Fahrenholz in einer Glosse : „Non habemus papam sed habemus poetam", in: Transparent, 4.Jg. Nr. 17, März 1990, S. 18f

Gottes, spielt die Trennung von Glaube und Gehorsam weder theoretisch noch praktisch eine Rolle; das Tun des Gerechten geschieht automatisch und selbstverständlich. Für menschliche Selbstbehauptungsversuche und Leistungsbilanzen bleibt kein Platz. Auch nicht für quietistische Fluchten.

Beiers Theologie hat brisante Folgen. Er ringt auf den Konferenzen der europäischen Kirchen darum, die evangelische Stimme laut zu erheben. Der Protestantismus habe im europäischen Einigungsprozess die Aufgabe, die Rechtfertigungsbotschaft - verbunden mit dem Erbe der Aufklärung - als Ferment einzubringen, um den Primat der Ökonomie zu überwinden und Menschen für das „Wort vom Kreuz" zu öffnen, weg vom Ego und hin zum Nächsten, dem von Gott bedingungslos geliebten Gegenüber. Im kritischen Selbstgespräch des Sünders klingt das so:

> „Misstraue deinen Grundsätzen.
> Setze an die Stelle deiner Privatmoral die Liebe Gottes.
> Bilde dir keine Sekunde ein,
> du hättest irgend etwas zustande gebracht,
> was vor Gott und der Welt bestehen könnte.
> Rechtfertige dich nicht durch Lächerlichkeiten.
> Bilde dir keine Sekunde ein,
> du könntest dich aus eigener Kraft und Vernunft ändern.
> Bilde dir keine Sekunde ein, du könntest die Menschen ändern.
> Sie sind, wie sie sind.
> Sie sind, wie du bist.
> Tue dennoch alles,
> was zu tun nach Gottes Gebot in deiner Kraft steht.
> Schließe den Irrtum nicht aus sondern ein.
> Urteile trefflich, verurteile niemanden.
> Hüte dich vor der schlimmsten Spielart der Moralisten,
> den Frömmlern.
> Bleibe unberechenbar, wenn es gilt, die Partei
> der Schwachen, Armen und Geschundenen zu ergreifen ...
> Glaube dem Wort vom Kreuz.
> Du bist doch - evangelisch."[1]

---

[1] Peter Beier: Superintendentenbericht, Kreissynode Jülich, 7.11.1987 in Boscheln

Die Risse der Existenz, die latenten persönlichen und globalen Bedrohungen, denen Menschen ausgesetzt sind, waren Peter Beier immer bewusst. Hoffnung kann sich nur festmachen an dem, was die Welt und das Leben im Innersten zusammenhält, an Kreuz und Rechtfertigung, genauer, denn es handelt sich um eine personale Beziehung, am Gekreuzigten und seinem Zuspruch und Anspruch. In dieser Geborgenheit können Menschen als gerechtfertigte Sünder leben, kann evangelische Kirche gestaltet werden, „offen für neue Gedanken und Experimente des Glaubens".[1]

BÖRDENPARK - DANKESREDE MINERVAPREIS[2]

Sehr geehrte Damen und Herren,

die Würdigung des kirchlichen Engagements um Regionalentwicklung in der Bördenlandschaft durch den Förderverein Kulturhaus Jülich verstehe ich so: Bischof Mussinghoff und ich nehmen stellvertretend für die vielen kirchlichen Mitarbeiter, die sich um die Entwicklung der Region verdient gemacht haben, den Preis entgegennehmen. Auf evangelischer Seite möchte ich insbesondere den Leiter unseres Referates Gesellschaft und Bildung, Hans Stenzel, und den Synodalassessor Jens Sannig hervorheben.

Der Verein Kulturhaus Jülich bewegt sich an den Grenzlinien von Kultur, Kunst, Wissenschaft und Wirtschaft. Eine Grenzüberschreitung war die Regionale Entwicklungskonferenz und die Gründung des Städtenetzes „Bördenpark" in vielfältiger Hinsicht: Konfessionelle Grenzen, Partikularinteressen der Städte und Gemeinden, schließlich auch die zeitliche Grenze, die verantwortungsvolles Planen für künftige Generationen notwendig macht; insgesamt eine hoffnungsvolle Erfahrung. Grenzüberschreitung zunächst in ökumenischer Perspektive: Es hat sich gezeigt, dass die Kirchen eine wichtige Moderatorenrolle im komplizierten Geflecht unterschiedlicher Interessengruppen spielen, wenn sie gemeinsam reden und

---

[1] Peter Beier: Das Maß aber ist gegeben (1990), in: Ders.: Kirche ist anders, Neukirchen-Vluyn 1990, S. 56
[2] Dankesrede zur Verleihung des Minervapreises, Jülich, 5.12.2002

handeln. Sodann in theologischer Hinsicht. Das Evangelium drängt aus den Kirchen in den Alltag der Menschen. Hier muss sich entscheiden, ob Theologie zur „Freiheit eines Christenmenschen" ermutigen kann, indem Impulse zur Gestaltung unserer Gesellschaft gegeben werden. Die erfolgreiche Gründung des Städtenetzes „Bördenpark" hat gezeigt, dass der Stein, der ins Wasser geworfen wurde, Kreise zieht.

Gestatten Sie mir eine ganz persönliche Reminiszenz. Ich erinnere mich noch sehr genau an eine Schulstunde vor knapp 40 Jahren, ich war damals wohl in der 2. oder 3. Klasse. Die Lehrerin nahm Gläser vom Regal und stellte sie feierlich auf ihr Pult. Darin befanden sich die „Schätze der Heimat": Lößboden und Kohle. Beides Zeichen der Liebe Gottes, die uns ohne unser Verdienst die Grundlagen des Lebens zur Verfügung stellt. Löß und Kohle. Unter der Kohle konnte ich mir etwas vorstellen, da mein Vater auf der Zeche Sophia Jacoba arbeitete, aber von Löß hatte ich noch nie etwas gehört. Nun erzählte sie von der Kraft des Lößbodens so wunderbar, dass mir schien, die Früchte, die sich daraus entwickelten, seien geradezu paradiesischer Natur. Und dabei schrieb sie ein Wort an die Tafel, das Garant für eine „zuckersüße" Zukunft sein musste: Börde. An dieses Wort musste ich immerzu denken, als wir in der Arbeitsgruppe der Regionalen Entwicklungskonferenz nach einem Begriff suchten für die zerschnittene, umgepflügte, durch Regierungsbezirks-, Kreis- und Kammergrenzen geteilte und den Braunkohletagebau ausgebeutete Landschaft an Erft, Rur und Inde. Börde. Geschenk der Liebe Gottes. Und Wort der Hoffnung. Suchbegriff. Das Fach, in dem damals solche Themen behandelt wurden, nannte sich Heimatkunde. Es ist vom Stundenplan verschwunden in der unbegründeten Vermutung, Heimat sei ein rückwärtsgewandter Begriff. Ernst Bloch, der große Tübinger Philosoph, hat mich vom Gegenteil überzeugt. Am Ende seines Hauptwerkes „Das Prinzip Hoffnung" schreibt er: „Der Mensch lebt noch überall in der Vorgeschichte, ja alles und jedes steht noch vor Erschaffung der Welt als einer rechten. Die wirkliche Genesis ist nicht am Anfang, sondern am Ende... So entsteht in der Welt etwas, das allen in die Kindheit scheint und worin noch niemand war: Heimat." Börde schien uns deshalb ein geeigneter Begriff zu sein, der Vergangenheit und Zukunft zusammenbinden kann, und Liebe war Voraussetzung und Motor für diesen Brückenschlag.

Damit bewegen wir uns zunächst auf theologischem Terrain. Was ist der Mensch in der Bördenlandschaft? Er ist einer, der auf die Liebe Gottes angewiesen ist: angenommen, geborgen, wichtig geachtet, herausgefordert - schon von Anfang an, ohne sein Zutun. Das ist die Voraussetzung für alles Weitere. Er steht in Beziehung. Zu anderen Menschen, zur Natur, zu verschiedenen Kulturen, zur Wirtschaft und Wissenschaft, Institutionen, ja zur eigenen Geschichte.

Davon möchte ich erzählen.

Geehrt werden heute nur am Rande Bischof Mussinghoff und ich. Geehrt wird die Liebe der Menschen zu ihrem Dorf, zu ihrer Stadt, zur Bördenlandschaft. Ausgangspunkt der regionalen Entwicklungskonferenz waren die Sorgen der Menschen, die durch den Braunkohletagebau umgesiedelt werden müssen und die kritischen Anfragen, die die ökologischen Folgen des Tagebaus und der Kohleverstromung betreffen: Auswirkungen auf das Grundwasser und die CO_2-Emissionen. Die „Regionalsynode Energie" der evangelischen Kirchenkreise legte ein eigenes Energieszenario vor, setzte auf Einsparung und regenerative Energien. Dabei war immer deutlich, dass die Kriterien der Nachhaltigkeit, der Arbeitsplätze, der Heimat und der Rechte künftiger Generationen durchaus in Konkurrenz zueinander stehen. Es konnte nicht um moralisierende Besserwisserei gehen, sondern um das rechte Maß zwischen Bewahrung der Schöpfung und Gestaltung der Landschaft. Schließlich formulierte die Entwicklungskonferenz Leitlinien des Handelns für das Städtenetz: Vorrang des Subsidiaritätsprinzips vor Zentralisierung, Nachhaltigkeit vor kurzfristigen Effekten, Gesamtwohl der Bördenlandschaft vor ruinöser Konkurrenz, Vernetzung statt Einzelinitiativen, Personen vor Institutionen, gute Ideen vor der Frage nach ihrer Finanzierung.

Geehrt wird die Liebe der Kirchen zueinander. Verehrter Herr Bischof, lieber Bruder in Christo, die über Jahrzehnte gewachsene ökumenische Zusammenarbeit der Kirchen in dieser Region ist beispielhaft nicht nur im Rheinland, sondern wohl auch in Deutschland. Neben dem Projekt Entwicklungskonferenz arbeiten das Bistum Aachen und die evangelischen Kirchenkreise auf so vielen Feldern zusammen, dass es den Rahmen einer Dankesrede sprengen würde, diese aufzuzählen. Offenbar gelingt es in dieser Grenzregion leichter, die konfessionellen Barrieren zu überspringen, gemeinsam zu handeln um der Menschen willen und dabei in der anderen Kirche die notwendige Ergänzung der eigenen zu entdecken. In dieser produktiven Spannung von Identität und Verständigung werden wir noch viele Wege gemeinsam gehen. Peter Beier, der viel zu früh verstorbene rheinische Präses, bis 1989 Superintendent in Jülich, sagte einmal: die Menschen werden dich im 21. Jahrhundert nicht mehr danach fragen, ob du evangelisch oder katholisch bist, sondern ob du Christ bist - und woran man das merkt.

Geehrt wird die Liebe zwischen Naturwissenschaft, Theologie, Wirtschaft und Politik. Das ist eine gewagte These - und ein ungewöhnliches Wort in diesem Kontext. Was haben die Bereiche miteinander zu tun? Beäugen sie sich nicht eher kritisch? Dafür gäbe es genügend Belege. Der Naturwissenschaft wird das Fehlen ethischer Maßstäbe vorgeworfen, den Kirchen Wirklichkeitsferne, der Wirtschaft mangelnde soziale Verantwortung, der Politik Perspektivlosigkeit. Die Erfahrungen der Entwicklungskonferenz haben uns allerdings vor Augen geführt, dass wir die komplexen Vorgänge, die nicht nur in unserer Region, sondern in allen Bereichen der Welt wahrgenommen werden, nur dann verstehen können, wenn sich die verschiedenen Kompetenzen gegenseitig ergänzen. Die Kriterien für verantwortliches Handeln hat keine Disziplin alleine. Deshalb sitzen in unseren Synoden Naturwissenschaftler, Manager und Politiker, deshalb verstehen sich Menschen unterschiedlicher Professionen auch als engagierte Christen.

Geehrt wird die Liebe, mit der die Mitglieder des Städtenetzes „Bördenpark" eine Plattform für gemeinsame Gestaltungsaufgabe gefunden haben. Städte und Gemeinden finden ihre Zukunft nicht gegeneinander. Die Akteure des regionalen Strukturwandels werden die menschlichen und kulturellen Ressourcen nutzen, um in der Börde eine lebenswerte Zukunft zu eröffnen. Die Instrumente sind da. Die Ideen gewinnen Konturen zwischen Hightech und Freizeitlandschaft.

Börde - eine Erinnerung, ein Leitbegriff für die Gestaltung der Zukunft. Weil hier die Erfahrung der Liebe gemacht wird. Liebe Gottes zur Welt, Liebe in der gemeinsamen Verantwortung für die Zukunft. Ich zitiere noch einmal aus „Prinzip Hoffnung": „So entsteht in der Welt etwas, das allen in die Kindheit scheint und worin noch niemand war: Heimat."

MENSCHENBILD UND INTEGRATION[1]

Im Jahre 1974, ich war gerade 19 Jahre alt, hatte ich Gelegenheit, im Zivildienst in einer Einrichtung für schwerst mehrfach behinderte Kinder zu arbeiten. Meine Freunde bedauerten mich. Sie waren jung, gesund und wollten im Leben etwas erreichen. Geleitet von einem diffusen Begriff des „Normalen" fragten sie mich, ob solche Kinder mit einer Behinderung nicht besser von ihren schweren Leiden erlöst würden. Leben mit Behinderung war für sie sinnloses Leben. Ich hatte keine eindeutige Antwort auf ihre Fragen, wusste aber: Ich liebte diese Kinder. Und die Arbeit war nicht traurig, sondern ungemein fröhlich. Kinder mit einer Behinderung wurden zu meinen wichtigsten Lehrern. Sie lehrten mich, dass Menschen nicht perfekt sein müssen, dass Defizite, Leiden, Krankheiten und Fehler Bestandteile unseres Lebens sind. Seitdem lässt mich die Frage nach dem Menschenbild nicht mehr los.

I. Orientierung am Defizit

Es gibt ein Menschenbild, das Behinderung ausschließlich als Belastung der Gesellschaft ansieht. Menschen mit Behinderung gelten als nicht förderfähig. Der Sinn des Lebens wird an der Leistungsfähigkeit gemessen. Das führt zu Ausgrenzung und Verwahrlosung, im Extremfall zu Beseitigung und Mord.

Schon einige Quellentexte der Antike weisen darauf hin, dass Griechen und Römer missgestaltete und schwache Säuglinge töteten. Sie passten nicht in das Menschheitsideal der Zeit und wurden häufig ausgesetzt und ihrem Schicksal überlassen.

Die Aufklärung und die Befreiung der Vernunft brachte zunächst keinen neuen Impuls. Offenbar ist die Frage nach dem Menschenbild nicht durch die Ratio zu beantworten. Jean-Jacques Rousseau,

---

[1] Vortrag in Pskow, Russland, 28.5.2003

schrieb in seinem epochemachenden Werk „Emil oder Über die Erziehung" (1762): „Ich würde mich nicht mit einem kränklichen und siechen Kind belasten, und wenn es achtzig Jahre alt würde. Ich mag keinen Zögling, der sich selbst und anderen unnütz ist, der allein damit beschäftigt ist, sich am Leben zu erhalten, und dessen Leib der Erziehung der Seele schadet. Verschwende ich meine Fürsorge an ihn, so verdopple ich den Verlust, indem ich der Gesellschaft zwei statt nur einen Menschen entziehe. Mag ein anderer sich dieses Krüppels annehmen ... Ich kann nicht jemanden leben lehren, der nur daran denkt, wie er dem Tode entgeht."[1] Hier wird Behinderung ausschließlich als Belastung angesehen.

Der deutsche Nationalsozialismus hat in der Zeit von 1933-1945 dieses lebensfeindliche Menschenbild aufgegriffen. Im Zusammenhang mit dem Gesetz zur „Verhütung erbkranken Nachwuchses" wurden Zwangssterilisierungen angeordnet und 260.000 Patienten aus den deutschen Heil- und Pflegeanstalten systematisch ermordet (Euthanasieaktion T 4). Sie galten als Volksschädlinge.

Auch der Stalinismus hat ein System der Abschiebung in Internate entwickelt, das bis in die späte Zeit der Sowjetunion funktionierte. Menschen mit Behinderungen lebten dort weithin unter unwürdigen Bedingungen, weit weg von ihren Familien und den Menschen, die sie lieben. Die materialistische Auffassung, dass sich das Menschsein in der Produktivität verwirklicht, fixierte die Arbeit mit behinderten Menschen auf die Wahrnehmung der Defizite.

In der Neuzeit wird unter veränderten Rahmenbedingungen mit liberalen Vorzeichen wiederum die Utopie einer leidfreien Gesellschaft gepflegt, in der Menschen mit schweren Behinderungen keinen Platz haben. Der australische Philosoph Peter Singer[2], ein Vertreter des Utilitarismus, bindet seinen Person-Begriff an Kriterien wie Selbstbewusstsein, Abstraktions- und Leidensfähigkeit. Koma-Patienten und Menschen mit Behinderungen sind für ihn lediglich „Mitglieder der Spezies homo sapiens", bei denen er die Euthanasie befürwortet,

---

[1] Jean-Jacques Rousseau: Emil oder Über die Erziehung. Deutsche Ausgabe, Paderborn 1971, S. 28
[2] Peter Singer: Praktische Ethik, Stuttgart ²1994

um ihr Leid zu vermindern. Singer reduziert dabei das Menschenbild auf wenige Eigenschaften, die er als „normal" definiert.

Stillschweigend und weithin unreflektiert folgen diesem Bild auch neue Entwicklungen der eugenischen Auslese. In der Präimplantationsdiagnostik (PID) werden die im Reagenzglas erzeugten Embryonen auf mögliche Gendefekte untersucht und gegebenenfalls selektiert. Nur die „gesunden" werden für eine Schwangerschaft verwendet. Auch in der Pränataldiagnostik (PND) wird so verfahren. Wenn der Verdacht einer Schädigung des Embryos besteht, wird die Schwangerschaft meistens abgebrochen, um der Mutter die Belastung eines behinderten Kindes zu ersparen. Ohne Zweifel spielen bei dieser Praxis auch ökonomische Interessen eine wichtige Rolle.

Die beschriebenen Menschenbilder nehmen behinderten Menschen ihre Würde und verhindern Integration. Als wir in Pskow vor zehn Jahren das Heilpädagogische Zentrum gründeten, hatten wir ein völlig anderes Menschenbild vor Augen: Wir wollten durch unsere Schule die Familien stärken und die Kinder fördern, vor allem aber einen Raum schaffen, in dem sie Freude, Gemeinschaft und Wertschätzung erfahren. Sie lernen nach ihren jeweiligen Fähigkeiten und Bedürfnissen, lernen vor allem, sich selbst zu versorgen und sich im Alltag zu orientieren. Das Zentrum ist ein fröhlicher Ort. Es wird gesungen, gespielt und gefeiert. Überall ist zu spüren, dass die Betreuerinnen und Betreuer ein Herz für die Kinder haben, mit Leidenschaft und Können bei der Sache sind. Integration ist das Ziel. Dafür kann eine Sondereinrichtung nur die Voraussetzungen schaffen. Die Kinder kaufen auf dem Markt ein, besuchen Schwimmbäder und Sommercamps. Sie lernen schließlich: Wir sind geliebt und wertgeschätzt. Worin ist dieser Ansatz begründet?

II. Mitleid

Der erste Impuls einer Veränderung des Menschenbildes war Mitleid bzw. das christliche Liebesgebot (Leviticus 19,18; Matthäus 19,19). Einen besonderen Akzent setzte die Vorstellung, im leidenden Menschen begegne uns Christus (Matthäus 25,31ff).

Folgerichtig entsteht besonders im kirchlichen Kontext die Vorstellung, Menschen mit Behinderung müsse geholfen werden. Bis zum 18. Jahrhundert sind sie jedoch überwiegend auf die Solidarität ihrer

Familie angewiesen. Im Beziehungsgeflecht dörflicher Strukturen werden sie noch eher geduldet als in der Stadt. Dort entstehen Toll- und Armenhäuser.

Das 19. Jahrhundert entwickelt eine medizinische Sicht. Behinderung wird als unabänderliches persönliches Schicksal angesehen, in gewissem Rahmen durch Ärzte behandelbar. Mit dem medizinischen Fortschritt erkennt man in „Geistiger Behinderung" ein eigenständiges „Krankheitsbild", das von psychischen Krankheiten zu unterscheiden ist.

Mitte des 19. Jahrhunderts entwickelt die Kirche Institutionen und Einrichtungen, die sich der Hilfe für Menschen mit Behinderungen widmen. Im Zusammenhang mit dieser neuen „Sympathie" werden erste pädagogische Konzepte entwickelt und die Förderfähigkeit behinderter Menschen entdeckt. Ziel ist die Anpassung an die Anforderungen der Gesellschaft (Nützlichkeit).

Parallel zu kirchlichen Einrichtungen entstehen Ende des 19. Jahrhunderts staatliche Großanstalten, die aber Menschen mit Behinderungen faktisch ausgrenzen und disziplinieren. Sicherheit und Schutz der Gesellschaft und Schutz bzw. Behandlung der Person sind gesellschaftliche Interessen.

III. Integration

Offenbar reicht Mitleid nicht aus, um die Situation behinderter Menschen nachhaltig zu verbessern. Nach dem 2. Weltkrieg ist jeder anthropologische Optimismus verflogen. Dennoch knüpft man zunächst wieder an ausgrenzende Anstaltskonzepte der Jahrhundertwende an. In Russland kommt es erst nach dem Zusammenbruch des kommunistischen Systems in den 90er Jahren zu einer Überwindung der Defektologie und ihres Menschenbildes. In Deutschland etablieren sich seit ca. 1960 neue Ansätze der Sonderpädagogik vor allem auf Grund des Engagements betroffener Eltern, die eigene Institutionen gründen und für ihre behinderten Kinder Rechte auf Förderung und Bildung erstreiten. Im Blickpunkt stehen dabei ortsnahe familienentlastende Angebote, die neue therapeutische (z.B. Krankengymnastik) und pädagogische Erkenntnisse fruchtbar machen.

Daraus folgt seit ca. 20 Jahren systematisch die Auflösung des Anstaltsbetriebs. Der Abbau von Großeinrichtungen zugunsten kleiner heimatnaher Wohnangebote hat zur Idee des individuell betreuten Wohnens und Arbeitens geführt, auch für Menschen mit einer geistigen Behinderung. Dabei werden neue Chancen der Integration entdeckt.

Relativ neu in der Fachdiskussion ist der Begriff „Community Care". Menschen mit Behinderungen sollen nicht als Objekt staatlicher, kirchlicher oder privater Hilfe angesehen werden, sondern als Subjekt der eigenen Lebensgestaltung. Jenseits von Ausgrenzung und Integration wird das Augenmerk auf die Gesellschaft gerichtet, die der Veränderung bedarf. Nicht die Menschen mit Behinderung bedürfen der „Normalisierung", sondern die Lebensverhältnisse müssen sich so normalisieren, dass Menschen mit besonderen Bedürfnissen bzw. Assistenzbedarf an ihnen teilhaben können (z.B. Bundesgleichstellungsgesetz, Forderung der Barrierefreiheit). Damit wird auch die Einbahnstraße verwandelt, in der auf der einen Seite die Helfer und auf der anderen die Hilfeempfänger stehen.

Gleichzeitig hat sich eine neue Wissenschaftsrichtung entwickelt, „Disability-Studies". Diese untersucht die Geschichte der Behinderung und der damit zusammenhängenden Menschenbilder. Das, was wir „normal" nennen, zerfällt bei näherer Untersuchung in Widersprüche. Die ständige Jagd nach Perfektion geht auf Kosten der Humanität der Gesellschaft, auf Kosten der Würde des Menschen. Kürzlich hat in Dresden die Ausstellung „Der (im-)perfekte Mensch. Vom Recht auf Unvollkommenheit" so große Resonanz gefunden, dass man von einem Zerbrechen unserer Vorstellungen vom „Normalen" oder „Perfekten" ausgehen kann.

Integration ist deshalb eine zentrale Forderung in der Arbeit mit behinderten Menschen. Wer muss dabei eigentlich wohin integriert werden? Menschen mit einer Behinderung in die vorfindliche Gesellschaft oder beide in etwas neues, eine Gesellschaft, die Heimat ist für Menschen ganz unterschiedlicher Art, eine Gesellschaft in der jeder und jede teilhaben kann an den Lebensbezügen. Integrität hat etwas mit Ehrlichkeit zu tun. Und ich frage mich: ist unser Bild vom Menschen, vom Menschen mit und ohne Behinderung, ehrlich, wahrhaftig? Integration von Kindern mit schweren und mehrfachen Behinderungen in die Gesellschaft ist nur zum Teil ein methodisches, pädagogisches oder rechtliches Problem. Sie hängt auch nicht von der Art der Behinderung ab, von medizinischen oder therapeutischen Rahmenbedingungen. Vielmehr gelingt oder scheitert Integration im Zusammenhang mit den Bildern vom Menschen, die in der Gesellschaft Geltung beanspruchen. Deshalb ist zu fragen:

Wie müssen sich unsere Menschenbilder verändern, damit Menschen mit Behinderungen
- die gleiche Würde wie jedes andere Mitglied der Gesellschaft haben
- als gleichberechtigte Mitglieder am gesellschaftlichen Leben teilhaben können und ihren Anspruch auf Bildung, Förderung und Unterstützung einlösen können.
- ihre Erfahrungen einbringen können zur Integration der Gesellschaft in die Wirklichkeit, indem Abschied genommen wird von einem inhumanen Perfektionsideal.

IV Theologische Impulse

Menschen mit Behinderungen zeichnet die gleiche Würde aus wie alle anderen. Der Begriff „Würde" ist aber unpräzise. Als Rechtsnorm vieler Staatsverfassungen basiert sie auf der Allgemeinen Erklärung der Menschenrechte der Vereinten Nationen: „Alle Menschen sind frei und gleich an Würde und Rechten geboren." Mit Würde ist hier der unbedingte Eigenwert des Menschen gemeint, der jedem Einzelnen ohne Einschränkung zukommt. Sie ist nicht gebunden an intellektuelle und physische Fähigkeiten, nicht an kulturelle oder nationale Normen. Und aus der Würde leiten sich notwendig für alle Menschen gleiche Teilhaberechte ab.

Geistesgeschichtlich bestehen enge Zusammenhänge zwischen dem Begriff der Menschenwürde und dem der Gottebenbildlichkeit in der jüdisch-christlichen Tradition. In der hebräischen Bibel heißt es: „Gott sprach: Machen wir den Menschen in unserem Bild nach unserem Gleichnis! Sie sollen schalten über das Fischvolk des Meeres, den Vogel des Himmels, das Getier, die Erde all, und alles Gerege, das auf Erden sich regt. Gott schuf den Menschen in seinem Bilde, im Bilde Gottes schuf er ihn, männlich, weiblich schuf der sie" (Gen

1,26f, dt. Übersetzung von M.Buber/F.Rosenzweig). Aus diesem Zitat werden mehrere anthropologische Konstanten deutlich:

Gottebenbildlichkeit ist in der Geschöpflichkeit des Menschen begründet. Die Würde des Menschen ist eine unverfügbare und unverlierbare Gabe Gottes, nicht abhängig von Lebensbedingungen des Menschen, nicht zu erleisten oder zu verdienen. Man kann auch sagen: ein Geschenk.

Der Mensch ist in seinen Beziehungen Bild Gottes. Er ist ein Gemeinschaftswesen, indem er gibt und nimmt, hilft und Hilfe empfängt. Dies geschieht wechselseitig in der Wahrnehmung von Verantwortung füreinander und für die Welt.

Der Mensch ist ein Bildungswesen, Bildung hier nicht verstanden als Vermehrung von Wissen, sondern als Teilhabe am Prozess des Lebens. Paulus verwendet die Bild-Metapher christologisch, wenn er davon spricht, dass sich die Freiheit eines Christenmenschen entfaltet, indem wir „in dasselbe Bild (Christi) verwandelt werden von Herrlichkeit zu Herrlichkeit." (2Kor 3,18).

Ich möchte diese Beschreibung theologisch zuspitzen:
- Wir sind von Gott gewollt. Das heißt: Jeder einzelne Mensch hat Würde und Persönlichkeit. Behinderung ist kein Makel, kein Defizit. Leistungen sind wichtig, aber an ihnen entscheidet sich nicht, ob jemand ein sinnvolles Leben führt.
- Wir sind von Gott geliebt. Das heißt: Gott kennt keine hoffnungslosen Situationen. Behinderung ist für das Gemeinwesen eine Herausforderung, die entstehenden Belastungen solidarisch zu tragen.
- Wir sind von Gott befreit. Das heißt: Die Kriterien, die die Gesellschaft für ein „normales" Leben bereitstellt, habe keine endgültige Bedeutung.
Es ist hilfreich, in diesem Zusammenhang weitere biblischen Provokationen wahrzunehmen, die zu einem veränderten Menschenbild drängen.

Einige Wundergeschichten, z.B. die „Heilung am Teich Bethesda" (Johannes 5,1-9) sehen das eigentliche Wunder nicht in der Heilung, sondern in der „Wahrnehmung" des behinderten Menschen. Ein Kranker liegt 38 Jahre lang ohne Hoffnung in Jerusalem beim

Schaftor. Seine Situation ändert sich dramatisch, als Jesus ihn sieht und ihn auf seine Sehnsucht anspricht.

Andere Texte, z.B. die „Heilung des Geraseners" (Markus 5,1ff) betonen den gesellschaftlichen Kontext der Behinderung. Die Dämonen, die ihn „besetzen", heißen „Legion", ein Hinweis auf die römischen Besatzungstruppen, die die Entfaltung des Lebens behindern.

Schließlich drängt die Geschichte von der „Speisung der 5000" (Johannes 6,1ff) dazu, nicht bei den Defiziten, sondern bei den Ressourcen anzusetzen. Angesichts des Hungers von 5000 Menschen sind fünf Brote und zwei Fische lächerlich wenig. Dennoch werden alle satt.

Barrierefreiheit, behinderungsgerechte Arbeitsplätze und Wohnbedingungen, sind nur einige Schlagworte, mit denen behinderte Menschen ihre Teilhaberechte geltend machen. Biblisch-theologisch finden diese Forderungen ihre Entsprechung im paulinischen Motiv vom Leib Christi (vgl. 1 Kor 12,26). Danach versteht er die christliche Gemeinde als eine Ergänzungsgemeinschaft, in der Geben und Nehmen selbstverständliche Funktionen des eine Leibes Christi sind. Stärke, Gesundheit und Intelligenz sind keine Vorzüge, wie Schwäche, Krankheit, und Behinderung kein Makel sind. Denn die Fähigkeit zu denken, zu handeln und zu laufen usw. gehört nicht einem allein, sondern dem ganzen Leib. Ebenso ist die Behinderung nicht nur das Problem eines einzelnen Menschen, sondern eine Herausforderung an den ganzen Leib Christi, die ganze Gesellschaft. Im Leib Christi haben alle Glieder vielfältige Gaben. Die Unterscheidung zwischen „normal" und „unnormal" ist dabei künstlich: denken, sprechen, laufen können ist nicht wichtiger als staunen können über Kleinigkeiten oder über die Farbe einer Blume, lachen können ohne Maß, Zuneigung zeigen können ohne Vorbehalt. Es darf im Horizont eines christlichen Menschenbildes keine Aufteilung zwischen Helfer und Hilfeempfänger geben. Die Welt, in der wir leben, ist eine Art „Patientenkollektiv". Das schließt eine herablassende Haltung der Helfer gegenüber den Hilfsbedürftigen aus, ein mitleidiges Herrschaftsgefälle. Das Auf-Hilfe-Angewiesensein ist ein typischer Aspekt des Menschen. Es ist deshalb die anthropologische Provokation ernst zu nehmen, die der behinderte Theologe Ulrich Bach formuliert: Ich bin ein von Gott so (!) gewolltes Geschöpf (Ex 4,10-12)![1]

„Wahrnehmung", „gesellschaftlicher Kontext" und „Ressourcenorientierung" und „Teilhabe" sind wichtige Impulse für unsere Arbeit und für die Veränderung des Menschenbildes.

V. Etwas neues, das wir noch nicht kennen

Der Integrationsbegiff ist deshalb wechselseitig zu verstehen. Nicht (allein) Menschen mit Behinderungen bedürfen der Veränderung und des Lernens, sondern die Gesellschaft, in der sie leben. Dazu können sie selbst einen wichtigen Beitrag leisten. In christlicher Perspektive ist jeder Mensch auf Hilfe angewiesen, ein imperfektes Wesen. Er kann sich nicht am eigenen Schopfe aus dem Sumpf ziehen. Deshalb gibt es „kein Stehen, nur ein Getragenwerden" (F. Rosenzweig). Das heimliche Lebensmotto „Hast du was, bist du was; kannst du was, bist du was; weißt du was, bist du was" begründet einen Autonomiebegriff, der sich als wirklichkeitsfern und lebensfeindlich erweist. Im biblischen Horizont ist deutlich, dass niemand seinem Dasein aus eigener Kraft Sinn verschaffen kann, dass menschliche Würde nicht in seinen Leistungen ruht. Theologisch heißt das: Jeder ist auf die Liebe Gottes und auf seine Gnade angewiesen. Jeder ist darauf angewiesen, dass Menschen sich von Gott das Bild Christi vor Augen halten lassen, sich in dieses Bild verwandeln lassen und die Liebe, die sich darin zeigt, erproben.

Vor vierhundert Jahren hat der englische Dichter und Prediger John Donne den einprägsamen Satz formuliert: „No man is an island", kein Mensch ist eine Insel.[2] Menschsein heißt „In-Beziehung-Sein". Wir sind weder autark noch autonom. Wir sind eingebunden in lokale und globale Zusammenhänge, ein Netz, das uns tragen kann, das uns aber auch verwundbar macht. Nicht aus den Fähigkeiten des Menschen resultiert seine Würde, die ihm mit der Gottebenbildlichkeit zugesprochen wird, sondern aus der Bejahung, die von Anfang an für jedes Leben gilt. Eine Gesellschaft, die dieses Menschenbild lebt, wird in etwas Neues integriert, das wir noch nicht kennen.

---

[1] Vgl. Ulrich Bach: Der behinderte Mensch als Thema der Theologie, in: Jürgen Moltmann: Diakonie im Horizont des Reiches Gottes, Neukirchen-Vluyn, 1984
[2] Ich verdanke diese Erinnerung Wilfried Härle anlässlich der EKD-Synode 2002.

JUGENDARBEIT[1]

Im Rahmen des lebensgeschichtlichen Zyklus unserer Sondersynoden legt der KSV einen Kundgebungstext vor. Mit zehn Thesen möchten wir verdeutlichen, wo wir in der Jugendarbeit stehen und wohin die Reise gehen könnte.

1. Die Kreissynode dankt allen ehrenamtlich und beruflich Mitarbeitenden für ihr Engagement in der Jugendarbeit der Gemeinden und des Kirchenkreises.

Die Gemeinden des Kirchenkreises Jülich gehören unter dem Dach des Jugendreferates zu den größten Trägern offener Jugendarbeit in NRW. Ungezählt sind die Menschen, die sich in den gemeindlichen und kreiskirchlichen Fachausschüssen, als Teamer, als Gruppenleiterinnen, als Helfer bei Freizeiten und Ferienspielen, als Pfadfinder, als Mitarbeitende in Konfirmandenarbeit, Jugendgottesdiensten und Bibelprojekten engagieren. Sie sind der große Schatz der Kirche. Mit ihrem Einsatz und ihrer Liebe zu den jungen Leuten geben sie Zeugnis über den eigenen Glauben und den Grund der Hoffnung, die unser Leben trägt.

Zum Ehrenamt kommt die berufliche Arbeit. Im Rahmen der Konzeptentwicklung wurde während der letzten 20 Jahre in allen Regionen des Kirchenkreises zunehmend Jugendarbeit professionalisiert. Dies geschah insbesondere auf Bitten der kommunalen Jugendämter, die verlässliche Träger suchten. Wir sind dankbar für die Mitarbeitenden in den Einrichtungen, denen es gelingt, mit Phantasie, Einfühlungsvermögen und konsequentem Handeln die wichtigen Dimensionen des Lebens einzuüben: Geborgenheit vermitteln, Freiheit bestehen, Experimente zulassen, mit Fehlern rechnen, Verantwortung zutrauen. Wie ernst wir junge Leute nehmen, erweist sich auch daran, ob es uns gelingt, ihnen sinnvolle und wichtige Aufgaben zu übertragen. Die Aufgabe ist gigantisch: Vorbild sein, Weggefährte, ein klares Gegenüber, an dem man sich orientieren aber auch reiben kann, Grenzen ziehen, freilassen.

---

[1] Vortrag auf der Kreissynode am 25.6.2005 in Erkelenz

2. Sie erkennt in der Jugendarbeit ein zentrales Arbeitsfeld kirchlichen Handelns (Art. 81 KO). Die Gemeinden und der Kirchenkreis stellen dafür - zum Teil unter großen Anstrengungen - die notwendigen Voraussetzungen bereit.

Schon Ende des 16. Jahrhunderts haben die Gemeinden im Jülicher Land sich um Bildungs- und Erziehungsfragen gekümmert - noch bevor sie Kirchen gebaut haben. Dahinter stand die Überlegung, dass ein „allgemeines Priestertum der Gläubigen" nur umzusetzen ist, wenn jedes Gemeindeglied selbst die Bibel studieren kann und sich die notwendigen Informationen beschaffen kann, die für den Dialog von biblischer Tradition und erfahrener Situation notwendig sind. Bildung sollte nicht nur für die kleine Gruppe der Kinder reicher Elternhäuser, sondern für alle selbstverständlich sein.

Heute bringen die Gemeinden des Kirchenkreises für die Jugendarbeit mehr als 3 Mill. € pro Jahr an Eigenmitteln auf.

3. Evangelische Jugendarbeit geschieht im Horizont des Zuspruchs und Anspruchs Gottes auf das ganze Leben und auf die Gestaltung der Welt. Sie lebt von der Liebe Gottes und macht sie erlebbar.

Im Psalm 8 der Hebräischen Bibel heißt es: „Gott, aus dem Mund der jungen Leute, der Kinder und Säuglinge hast du eine Macht gegründet". Die Schöpfung spiegelt nicht den Zustand friedlicher Harmonie. Es ist eine bleibende Anstrengung, die Zukunft zu erringen gegen alle Bedrohungen des Lebens. Gott setzt dabei auf Kinder und Jugendliche!

Jugendarbeit geschieht in den spezifischen Formen der Ekklesia und Diaspora, der Sammlung und Sendung. Sie nimmt teil an der Lebenssuche junger Leute. Freude und Schmerz werden nicht ausgeblendet. Das Leben ist kein Spiel - das wissen junge Leute sehr genau -, aber es wird u.U. spielerisch erschlossen.

Kinder und Jugendliche genießen in der Jugendarbeit Schutz und Geborgenheit, machen die Erfahrung, gebraucht zu werden. Nicht Konsum steht im Vordergrund, sondern Beziehung und Beständigkeit.

4. Kinder und Jugendliche erproben die „Freiheit eines Christenmenschen" (Luther), indem sie in der Jugendarbeit Wertschätzung erfahren, Verantwortung für sich selbst und andere einüben, Gemeinschaft leben und sich in der Welt orientieren lernen.

Ziemlich oft hört man die Klage, den Jugendlichen werde nicht genügend „geboten". Es kommt aber weniger darauf an, ihnen etwas zu „bieten". Sie wollen ernst genommen werden.

Es gibt wohl keine größere Herausforderung als die, Kinder zu erziehen. Alle, die sich diesem Abenteuer widmen, haben ein Recht auf die Unterstützung der Kirche und der Gesellschaft.

Ein Fundament wird gelegt aus dem Vertrauen zu Gott und den Menschen. In dieser Geborgenheit kann die „Freiheit eines Christenmenschen" wachsen, können Kinder Beziehungen wagen und Verantwortung einüben, wachsen sie zu Persönlichkeiten heran.

Die Lebenswelten der Familien haben sich verändert. Kinder wachsen heute in der Regel in kleinen Haushalten auf, oft ohne Geschwister. Traditionen und Rituale spielen eine geringe Rolle. Vielmehr haben sich Medien wie das Fernsehen oder der Computer in den Vordergrund geschoben und bieten Erfahrungen aus zweiter Hand. Eine zunehmende Kommerzialisierung der Freizeit ist zu beobachten. „Ohne Knete keine Fete!"

Wenn man der letzten Shell-Studie glauben darf, bereiten Jugendliche ihre eigene Lebensperspektive durchaus solide vor. Sie sind bereit, Verantwortung zu übernehmen - für sich und andere. Sie wissen, dass die Zukunft nicht frei von Problemen ist. Insbesondere die Frage, ob sie einmal einen Job bekommen, steht im Vordergrund. Und sie wissen, dass ihnen das Leben nicht gelingen wird ohne emotionalen Rückhalt. Familie und Beruf sind die zentralen Perspektiven. Eigentlich konservative Werte. Menschlichkeit und Modernität werden gleichermaßen angestrebt.

Klischees prallen aufeinander. „Unsere Jugend" ist keineswegs mehrheitlich faul (Hartz IV), dumm (Pisa), verwöhnt (Markenklamotten), schlecht erzogen (von den 68ern), gewalttätig (Schulhof) und unpolitisch (Wahlbeteiligung) - auch wenn es das alles natürlich auch gibt. Jugendliche wissen, dass sie für ihre Zukunft Schlüsselqualifikationen brauchen. Sie bringen es fertig, mehrere Dinge zur gleichen Zeit zu tun, streben nach Kompetenz statt bloßer Anhäufung von Wissen, sind kommunikativ, teamfähig, flexibel, prozessorientiert. Sie sind gut vorbereitet - auch durch die Jugendarbeit, die genau diese Kompetenzen fördert, die in keinen schulischen Stundenplan passen. Deshalb ist Jugendarbeit neben Schule und Familie die dritte wichtige Sozialisationsinstanz.

Die Folge für unsere Jugendarbeit: Wir müssen weg von der Eventkultur, hin zu der Freude, etwas zu bewirken. Workcamps z.B. sind meiner Erfahrung nach meist wichtiger als jugendtouristische Angebote.

5. Bildung ist für die evangelische Jugendarbeit wesentlich Menschenbildung. Sie bietet Ressourcen und Unterstützung, die Zukunft zu meistern und die Gegenwart zu verstehen. Sie stärkt das „Ich" und entwickelt das „Wir".

Bildung ist mehr als die Verarbeitung von Informationen, mehr als in Rateshows abrufbares Wissen. Es geht immer um die Menschwerdung des Menschen, um die Entwicklung eines Vertrauens ins Dasein in einer Welt der Entsolidarisierung und der Angst. Wie lernt das Gewissen und was lernt das Gewissen?

Menschen fragen - vielleicht intensiver noch als vor Jahren - nach dem Sinn eines Lebens, das vom Chaos, von Unglück und Leid bedroht wird, also nach typisch religiösen Kategorien. Die Grundfragen nach dem Woher und Wohin, nach dem Zusammenhalt der Menschen in Solidarität und sozialer Gerechtigkeit, dem Leben zwischen den Generationen, dem Erhalt von Frieden und dem Umgang mit der Schöpfung sind für uns in der spannungsvollen Auseinandersetzung mit der Verheißung des Glaubens zu beantworten.

Jugend wandelt sich in immer schnelleren Zyklen. Und erst recht wandeln sich die Zukunftschancen. Die Jugendlichen der Nachkriegszeit waren geprägt durch die Anforderungen des Wiederaufbaus. Jede Hand wurde gebraucht. Die Jugendlichen der 60er und 70er Jahren - zu dieser Generation gehören viele Synodale - wollten große Visionen für die Welt und die Gesellschaft umsetzen. Heutige Jugendliche müssen sich mit einem neuen Phänomen auseinandersetzen. Dem Phänomen, nicht gebraucht zu werden, zumindest, wenn sie nicht qualifiziert und leistungsfähig sind. Nur mit seiner Muskelkraft schafft sich niemand mehr eine glänzende Ausgangsposition.

Einfacharbeitsplätze, wie sie noch vor gut einem Jahrzehnt z.B. der Bergbau in unserer Region zur Verfügung stellte, gibt es nicht mehr. Darum besteht die Notwendigkeit, unsere Bildungsanstrengungen zu verstärken. Dabei bedeutet Bildung nicht nur die Anhäufung von Wissen. Bildung ist wesentlich Menschenbildung. Entscheidend ist es, den Jugendlichen Ressourcen und Unterstützung zu bieten, ihre Zukunft zu meistern.

Die „Zeit" titelte kürzlich kritisch: „Eltern sind keine Bergführer mehr". Es fehlen Bindung, Gewissheit und Grenzen. Eventkultur hilft nicht weiter. Jugendliche werden zum Planungsbüro der eigenen Biographie. Je mehr Normen wegfallen, desto stärker ist es notwendig, eigene Normen zu schaffen.

Jugendkultur und Erwachsenenkultur überlappen sich (Crossover). Die Jugendzeit verlängert sich (Ausbildung, „Hotel Mama"), die Erwachsenenwelt ragt in die Jugendkultur hinein. Es gibt alte Jugendliche und jugendliche Alte: Pavarotti singt mit den Spice-Girls auf Mallorca. Wie sollen Jugendliche erwachsen werden, wenn die Erwachsenen immer jugendlicher werden? Jugendliche wollen Erwachsene mit Erfahrungs- und Wissensvorsprung. Familien haben dazu weder Zeit, Kraft noch Muße. Der Bedarf an Leitbildern ist ungestillt.

6. Als gemeindebezogene Jugendarbeit macht sie in Gottesdiensten, Gruppen und Kreisen sowie Freizeiten und Workcamps den Grund der Hoffnung deutlich, von dem her wir leben können. Kooperationen mit dem KU - auch als Nachkonfirmationsarbeit - sind sinnvoll. Junge Menschen suchen authentische Weggefährten, die ihnen helfen, Gewissheiten und Grenzen zu finden.

Jugendgruppen, die in eine intensive Auseinandersetzung mit den Inhalten und Zielen des Glaubens treten oder sich für andere engagieren, sind ein unabdingbarer Baustein des Gemeindeaufbaus. Peter Beier hat einmal die These formuliert, es müsse doch erschwinglich sein, dass jeder Pfarrer und jede Pfarrerin mit etwa 10 Jugendlichen dauerhaft einen Dialog führt. Dazu eignen sich Kindergottesdienst-Helferkreise, Nachkonfirmandengruppen, Camps u.a.m. Im Zentrum steht der persönliche Kontakt, über den erst Inhalte vermittelt werden können.

7. Als diakonische Jugendarbeit orientiert sie sich in offenen Angeboten an den Schwachen und Benachteiligten in der Gesellschaft und entwickelt mit ihnen neue Perspektiven. Das schließt freizeitpädagogische Angebote ebenso ein wie Beratung und Hilfe.

Warum gibt es in fast allen ev. Kirchengemeinden neben Jugendgruppen und -kreisen offene, stadtteilbezogene Jugendarbeit für sozial Benachteiligte? Nicht als Rekrutierungsorgan für weitere Kirchen-Mitglieder, sondern - und darin liegt unser evangelisches Profil - aus einer christlichen Grundüberzeugung, die zwei biblische Basisgeschichten verdeutlichen: Das Gleichnis vom Barmherzigen Samariter, ein Urtext der Barmherzigkeit und Solidarität, und das Gleichnis vom verlorenen Sohn, das zusagt: auch der der Gescheiterte darf neu anfangen und besitzt Zukunft. Unser Profil ist: Zuwendung zu den Schwachen und das Vertrauen, dass jedem mehr Anerkennung und Hoffnung zusteht, als er nach dem Maß unserer Gesellschaft verdient.

Neue Projekte konnten durch mobile Angebote der Jugendarbeit entwickelt werden. Dazu trugen u.a. der Wassenberger „Roadrunner" und der Übacher Bauwagen bei, die regelmäßig soziale Brennpunkte und von der Jugendarbeit bisher nicht erfasste Ortsbereiche aufsuchen. Eine andere Facette aufsuchender Arbeit kommt in Linnich zum tragen, wo Treffpunkte in den Außenorten durch die Jugendmitarbeiterin geschaffen wurden.

Für die Zukunft der offenen Jugendarbeit sind zuletzt maßgebliche Impulse durch das kreiskirchliche Diakonische Werk und das Jugendreferat gesetzt worden, indem mit der Stadt Hückelhoven ein Modell zur Integration von Offener Jugendarbeit und Jugendhilfe entwickelt wurde. Dabei werden Jugendhilfemodule, z.B. in der sozialpädagogischen Gruppenarbeit von den kirchlichen Mitarbeiterinnen und Mitarbeitern erbracht und auf diesem Wege eine Refinanzierung der Arbeit erzielt.

8. Einige Gemeinden prüfen, ob sie in ihrer Jugendarbeit mit den Nachmittagsangeboten der Schulen kooperieren sollen. Dies erscheint nur sinnvoll, wenn neben der Betreuung auch ein qualifiziertes Bildungsangebot möglich ist und das Angebot dem Gesamtkonzept der Gemeinde entspricht.

Die Weiterentwicklung des schulischen Ganztagsangebots auf Kosten der Horte und der Jugendarbeit überzeugt nicht. Es wird zu sehr auf Betreuung statt auf Bildung gesetzt. Wer den schulischen Ganztag will, muss dieses Projekt auch gut finanziell ausstatten.

Es kann von den Kirchen nicht erwartet werden, dass sie ihre Mitarbeitenden an die Schule abgeben, auf ihre Richtlinienkompetenz verzichten und dann noch einen erheblichen Teil der Personalkosten aus den immer spärlicher werdenden Kirchensteuermitteln zahlen.

Im Land Rheinland-Pfalz ist dagegen ein durchaus akzeptables Modell entwickelt worden, das im Interesse der Kinder und Jugendlichen auf Kooperation mit Kirchen und anderen freien Trägern setzt. Davon könnte NRW lernen.

9. Gemeindebezogene und diakonische Jugendarbeit ergänzen sich gegenseitig.

Gemeindebezogene und diakonische Jugendarbeit sind zwei Seiten der gleichen Medaille.

Ich finde es hilfreich, in unserer Jugendarbeit diakonisch ausgerichtete offene Angebote der Jugendzentren von denen der gemeindebezogenen Jugendgruppenarbeit zu unterscheiden - um ein altes christologisches Motiv zu gebrauchen: unvermischt und ungetrennt. In den OT's und KOT's finden Jugendliche Orte der Begegnung, wo sie gemäß unserem Menschenbild so angenommen werden, wie sie sind. Sie knüpfen Freundschaften, hören Musik, erproben Verantwortung in Jugendteams, können die eine oder andere Fertigkeit erlernen oder einbringen, erfahren professionelle Beratung und Ermutigung jenseits von Familie und Schule. So ist eine bedarfsorientierte Arbeit gewachsen, in der junge Leute nicht an ihren Defiziten gemessen werden, sondern eigene und gemeinschaftliche Ressourcen entdecken können. Die Grenzen zur gemeindebezogenen Jugendarbeit sind insbesondere dann durchlässig, wenn der KU in die Jugendarbeit einbezogen wird und projektorientiert die Vernetzung verschiedener Arbeitsbereiche gelingt.

10. In Häusern der „Offenen Tür" oder der „Kleinen Offenen Tür" geschieht diakonische Jugendarbeit auf hohem professionellem Niveau. Die Kirche nimmt im Sozialraum öffentliche Aufgaben wahr und verwirklicht nach dem Subsidiaritätsprinzip den Vorrang freier Träger. Sie sieht sich in der Partnerschaft mit anderen Trägern (Vernetzung), fragt nach den Auswirkungen ihrer Arbeit (Wirksamkeitsdialog), sucht Jugendliche dort auf, wo sie leben (mobile Arbeit) und nimmt gegebenenfalls Aufgaben der Jugendhilfe wahr (im Rahmen von Leistungsvereinbarungen mit den Jugendämtern).

Durch hohe Eigenmittel bezuschusst die Kirche diese öffentliche Aufgabe und erwartet dafür von Land und Kommune angemessene Refinanzierung. Viele Gemeinden im Kirchenkreis werden auf Grund der Steuersenkungen der vergangenen Jahre ihre Einrichtungen nur dann weiterführen können, wenn sich die Rahmenbedingungen strukturell und finanziell verbessern.

§ 5 des Sozialgesetzbuches formuliert das sog. Subsidiaritätsprinzip. Freie Träger können bestimmte soziale Aufgaben besser erledigen als Städte und Kreise, weil sie näher am Menschen arbeiten. Die Vielfalt der Profile und Angebote stellt eine zentrale Freiheitsgarantie der Bürger in einer pluralen Gesellschaft dar.

Dabei werden im Bereich der offenen Jugendarbeit nicht die Träger durch die Öffentliche Hand subventioniert, sondern umgekehrt. Die Vereine, die mit ihrer ehrenamtlichen Arbeit den Karren ziehen und die Kirchen, die neben ehrenamtlichem Engagement zusätzlich erheblich Kirchensteuermittel einbringen, finanzieren im Bereich der Jugendsozialarbeit öffentliche Aufgaben mit. Dabei haben sich im Bereich der KOT's und OT's in den letzten beiden Jahrzehnten z.B. im Kreis Heinsberg die Verhältnisse umgekehrt. Vor 20 Jahren wurde eine Jugendeinrichtung zu 2/3 aus staatlichen Mitteln und zu 1/3 aus Kirchensteuern finanziert. Heute liegen die Mittel der Öffentlichen Hand bei unter 30 % mit weiter sinkender Tendenz durch Verschiebungen im Landesjugendplan zugunsten des Ausbaus der offenen Ganztagsschule. Dass dadurch die Träger an das Ende der Belastungsfähigkeit geraten, ist offensichtlich.

Dabei folgt die Jugendarbeit durchaus ähnlichen Gesetzen wie der industrielle Sektor. Wer nicht beizeiten investiert, zahlt später mit Zins und Zinseszins drauf. Versäumnisse in der Jugendarbeit, Versäumnisse in der Prophylaxe, schlagen sich später nieder in Kosten für Jugendhilfemaßnahmen, stationäre Unterbringungen, Sucht- und Schuldnerberatung, Strafvollzug und Therapie.

MENSCHEN MIT BEHINDERUNGEN IN RUSSLAND[1]

Andrej Zarjow habe ich 1991 in der russischen Stadt Pskow kennen gelernt, als die Ev. Kirche im Rheinland 50 Jahre nach dem Krieg ein Versöhnungsprojekt in der von den Deutschen zerstörten Stadt durchführte. Er gehörte zu einer Elterngruppe behinderter Kinder, die in einer hoffnungslosen Situation lebten.

Über Jahrzehnte hinweg galten Menschen mit Behinderungen als Störfall im sozialistischen System, der das Ideal vom werktätigen und produktiven Menschen konterkarierte. Sie wurden weggeschlossen in so genannte „Internate", Bewahranstalten ohne Förderung, ohne ausreichende Versorgung und Pflege, weit weg von ihren Familien. Für schwerstbehinderte Kinder waren Therapie, Betreuung oder förderschulische Konzepte unbekannt. Sie wurden als nicht förderfähig eingestuft. Das Internatswesen führte dazu, dass Behinderungen im Alltag einer Stadt faktisch nicht vorkamen.

Die Eltern, die ich in Pskow traf, waren deprimiert. Neben den schwierigen allgemeinen Lebensbedingungen der viel zu kleinen Wohnungen im Plattenbau, der entsetzlichen Armut und der Sorge um die Zukunft ihrer Kinder waren alle Versuche gescheitert, mit Politikern geeignete Einrichtungen zur Entlastung der Familien und zur schulischen Förderung zu entwickeln. Sie wollten ihre behinderten Kinder auf keinen Fall abgeben und den Kontakt zu ihnen verlieren. Deshalb entstand mit den Eltern die Idee, gemeinsam mit der Wassenberger Evangelischen Kirchengemeinde eine Modellschule als Tagesstätte zu schaffen.

Heute ist Andrej Zarjow Direktor des Heilpädagogischen Zentrums (HPZ) in Pskow, das sich noch immer in der Trägerschaft der Wassenberger befindet. Er ist ein in ganz Russland anerkannter Fachmann. Gemeinsam mit der Heinsberger Rurtalschule entstand im

---

[1] Erschienen im Hephata-Magazin, November 2005

Pskower Mitarbeiterteam ein Curriculum, das heute in die gesamte russische Förderation ausstrahlt. Regelmäßig kommen Fachleute und Initiativgruppen aus dem ganzen Land, um sich zu informieren. Im Nordwesten Russlands ist ein kleines Netz neuer Fördereinrichtungen entstanden, die im fachlichen Austausch stehen. Selbst einige „Internate" wandeln sich. In der Stadt Pskow gibt es inzwischen sogar ein in Russland einzigartiges Spektrum einander ergänzender Institutionen, vom Frühförderzentrum über den Förderkindergarten, das Heilpädagogische Zentrum bis hin zur Werkstatt.

Dennoch ist im russischen Alltag das alte Denken vorherrschend. Menschen mit Behinderungen gehören nicht zum Stadtbild. Fährt man mit einem Rollstuhl durch die Stadt, drehen sich viele Leute um, schauen entsetzt, unsicher oder kopfschüttelnd zu, wie man sich an den unüberwindbar hohen Bordsteinen abarbeitet. Barrierefreiheit - unbekannt. Rampen - überflüssig. Aufzüge - defekt. Behinderungsgerechte Zugänge erscheinen vielen auch deshalb unnötig, weil es ja nur wenige geeignete Rollstühle gibt...

Neben den Barrieren auf dem Weg gibt es Barrieren im Kopf. Der alte Aberglaube, Behinderung sei eine Strafe Gottes für begangene Sünden, sitzt noch tief und wird von vielen Priestern der orthodoxen Kirche nicht ausgeräumt. Es rächt sich, dass die Kirche hier im letzten Jahrhundert keine eigenen diakonischen Aktivitäten entwickelt hat. Dadurch verpasst sie die Chance, Veränderungen des Menschenbildes einzuleiten.

Die soziale Situation hat sich in diesem Jahr weiter verschlechtert. Wenigen Superreichen steht die hoffnungslose Armut des größten Teils der Bevölkerung entgegen. Unter dem Diktat der leeren öffentlichen Kassen sind die kümmerlichen Sozialleistungen weiter zusammengestrichen worden. Dabei wird in Russland viel Geld mit Öl, Gas und anderen Rohstoffen verdient. Die Schwachen in der Gesellschaft profitieren davon nicht. Die „Neuen Russen" sind Gewinner der dramatischen Wandlungsprozesse im Lande. Sozialpflichtigkeit des Eigentums ist für sie ein fremder und überflüssiger Gedanke. Zudem fördert das staatliche Steuersystem nicht soziales Engagement von Sponsoren.

Als wir kürzlich eine Wohnung für ein dezentrales Wohnprojekt kaufen wollten, stellten wir verblüfft fest, dass es detaillierte Vorschriften zur Ausstattung und Gestaltung gibt - aber keine einzige Wohnung. Im gesamten Rechtssystem klaffen Gesetzesnorm und Gesetzeswirklichkeit weit auseinander. Mittlerweile arbeiten verschiedene Elterngruppen im Land daran, Ratgeber für Menschen mit Behinderungen und ihre Angehörigen zu entwickeln, damit sie sich im Labyrinth der Vorschriften und Gesetze besser orientieren und ihren Rechtsanspruch besser durchsetzen können.

Das Wohnprojekt stellt für Russland ein neues Experiment dar. Dezentralisiert und eingebunden im normalen Wohnumfeld sollen vom kommenden Jahr an fünf junge Erwachsene mit einer Behinderung selbst bestimmtes Wohnen erproben. Zur Zeit werden sie darauf vorbereitet. Die riesigen Wohnanlagen bieten erschwerte Voraussetzungen für solch ein Projekt. Dennoch sind die Bewohner und Mitarbeitenden des Projekts sicher, dass hier ein wichtiges Kapitel für die Verbesserung der Lebensbedingungen behinderter Menschen aufgeschlagen werden kann. Pioniergeist!

Ein zentrales Problem stellen Arbeitsmöglichkeiten dar. Neben dem HPZ ist eine Werkstatt für behinderte Menschen entstanden. Die erste in Russland. Es werden Holzspielzeuge hergestellt, kleine Druckerzeugnisse und Stofftaschen. Auf dem weitläufigen Gelände wird außerdem Gemüse angebaut; im Gewächshaus blühen Blumen. Angesichts der hohen Arbeitslosigkeit und der unvorstellbar niedrigen russischen Löhne ist die Werkstatt auf dem Markt ohne staatliche Förderung kaum konkurrenzfähig. Doch diese Unterstützung fehlt. Im Dickicht komplizierter Zuständigkeiten von Sozial-, Gesundheits- und Bildungswesen sowie im Gerangel der kommunalen und überregionalen (Oblast) Ebene bleiben die Interessen der behinderten Menschen auf der Strecke. Die Werkstatt könnte ohne intensive Hilfe aus Deutschland nicht überleben.

In den letzten 15 Jahren haben sich die Lebensbedingungen behinderter Menschen in Russland deutlich gewandelt. Am Anfang steht die Emanzipation der Eltern und der betroffenen Menschen mit einer Behinderung. Dann sind Sondereinrichtungen geschaffen worden, um der größten Not zu begegnen. Es steht noch aus, hinreichende integrative Akzente zu setzen. Der Integrationsbegriff ist ja wechselseitig zu verstehen. Nicht allein Menschen mit Behinderungen bedürfen der Förderung und des Lernens, sondern auch die Gesellschaft, in der sie leben. Andrej Zarjow und sein Team sind Motoren dieser spannenden Integrationsprozesse.

GEMEINSAMER KONFIRMANDENUNTERRICHT FÜR JUGENDLICHE MIT UND OHNE BEHINDERUNG[1]

Sandras Mutter ist skeptisch. Mit 12 Jahren werden alle Jugendlichen der evangelischen Kirchengemeinde angeschrieben, um am Konfirmandenunterricht teilzunehmen. Da Sandra aber die 50 km entfernte Sehbehindertenschule besucht - heute korrekter: Förderschule - hat sie keinen nachbarschaftlichen Kontakt zu anderen Jugendlichen in ihrem Alter. Wird sie das schaffen? Gehen die Mitkonfirmanden mit ihr freundlich um? Macht es Sinn, Anschluss an die Kirchengemeinde vor Ort zu suchen, wenn der größte Teil des Tages woanders verbracht wird? Viele Einwände. Trotzdem mache ich Sandra und ihren Eltern Mut, es mit dem Konfirmandenunterricht in der Gemeinde zu versuchen. Ich decke mich mit Bibeltexten in Blindenschrift ein - und verändere grundlegend das Lernprogramm. In der ersten Stunde gilt es, die Botschaft einer kleinen Tonplastik zu entdecken, zu ertasten: Ein Kind, geborgen in zwei starken Händen. Denn Konfirmation bedeutet Stärkung, Segnung. Beim KU-Wochenende mit Übernachtung auf Luftmatratzen im Gemeindezentrum werden von Sandra erste Fäden zu den Mitkonfirmanden geknüpft; manch eine staunt, dass Sandra auf der Nachtwanderung sehr viel mehr wahrnimmt als alle anderen. Zum nächsten KU-Treffen kommt sie mit zwei neu gewonnenen Freundinnen auf Rollerskates. Sie haben es ihr beigebracht, indem sie sich an den Händen festhalten - Sandra in der Mitte zwischen ihren Freundinnen.

Peter kann noch mit Gehhilfen laufen, als die Unterrichtszeit beginnt. Seine Behinderung verschlimmert sich jedoch. Nach dem ersten Unterrichtsjahr ist er auf den Rollstuhl angewiesen. Gern lässt er Mitkonfirmanden das neue Gerät ausprobieren. Gar nicht so einfach, mit

---

[1] Hephata-Magazin April 2006

einem Rollstuhl zurecht zu kommen! Zu Beginn jeder Stunde wird von einer Konfirmandin oder einem Konfirmanden ein Bibeltext vorgelesen und gesagt, was an der Geschichte interessant ist. Peter sucht sich die „Heilung am Teich Bethesda", Johannes 5, aus. Er fragt: Warum werde ich nicht geheilt? Ist Gott ungerecht? Gibt es Gott überhaupt, wenn ich nicht wieder laufen kann? Was bin ich wert, wenn ich manches nicht kann? Ernste Fragen, vor denen sich die Gruppe nicht drückt. Für die Schlussfreizeit gelingt es, auf dem Ijsselmeer ein rollstuhlgerechtes Segelschiff zu buchen, sogar mit Aufzug.

Pia hat eine geistige Behinderung. Sie besucht die Förderschule. Ihre Eltern finden es besser, dass sie gemeinsam mit Klassenkameraden konfirmiert wird. Ein Pfarrer kommt regelmäßig in die Schule. Er übernimmt auch die Vorbereitung auf die Konfirmation. Nicht nur für Pia und ihre fünf Mitkonfirmanden wird der Gottesdienst ein großes Fest, sondern auch für die gesamte Schule.

Daniel hat sich für die Konfirmation in der Gemeinde entschieden. Ohnehin besucht er neben der Förderschule, Förderschwerpunkt: geistige Entwicklung, regelmäßig unser Jugendzentrum. Im Unterricht treten die Texte in den Hintergrund. Geschichten werden gespielt, es wird gesungen, besichtigt, gemalt, musiziert, experimentiert. Brennende Kerzen, die über den Tisch geschoben werden, erzählen die Geschichte vom verlorenen Schaf (Lukas 15). Eine alte Wurzel und ein grüner Zweig vermitteln weihnachtliche Hoffnung (Jes 11,1) Daniel interessiert sich für alles Neue, macht sich nützlich, wo er kann. Bei seiner ersten Reise ohne Eltern, dem Konfi-Fahrrad-Ausflug, ist er hilfsbereit, schleppt Kisten und Material. Auf dem Rad ist er unschlagbar. Manchmal ergreift er eine Hand, um sich sicher zu fühlen.

Die Konfirmandenarbeit hat sich verändert. Früher war sie zentral auf Wissensvermittlung ausgerichtet. Heute versteht sie sich als ganzheitliches Bildungsangebot für Jugendliche in der Gemeinde. Dabei wird Bildung als Persönlichkeitsbildung im Horizont des Evangeliums von Jesus Christus verstanden. Es geht darum, die Menschenfreundlichkeit Gottes zu leben und erlebbar zu machen. Jugendliche mit und ohne Behinderung brauchen die Erfahrung, wertgeschätzt, geliebt und gehalten zu sein. Sie wollen ihre Fähigkeit erproben, füreinander da zu sein, Verantwortung zu übernehmen, das Leben zu gestalten. Der Konfirmandenunterricht bietet die Möglichkeit vielfältiger Begegnung über Schul-, Milieu- und Sozialgrenzen hinweg. Deshalb ist er eine Chance zur Integration.

Die vorgestellten Beispiele machen deutlich, dass es kein festes Konzept gibt, wie ein gemeinsamer Konfirmandenunterricht gestaltet werden kann. Zu unterschiedlich sind die Rahmenbedingungen. Meist ist Differenzierung im Unterrichtsgeschehen nötig. Jede Konfirmandin und jeder Konfirmand soll mit den besonderen Bedürfnissen und Begabungen recht wahrgenommen werden. Das ist für einen Pfarrer oder eine Pfarrerin nicht einfach. Es bietet sich an, weitere Unterrichtende einzubeziehen, z.B. Jugendleiterinnen und -leiter, wenn es nicht anders geht, auch Eltern. Dann sollten allerdings nicht nur Eltern des behinderten Konfirmanden teilnehmen, sondern auch andere, damit nicht ein Sonderstatus entsteht.

Ich habe die Beobachtung gemacht, dass sich durch die Teilnahme behinderter Jugendlicher die gegenseitige Wahrnehmung und Rücksichtnahme verbessert. Auch die kleinere Gruppe (12-15), die relativ große Unterscheidung vom Schulalltag und die Notwendigkeit der Elementarisierung und Handlungsorientierung wirken sich positiv auf die Lernatmosphäre aus.

Dabei stellt der integrative Konfirmandenunterricht nicht nur für die Pfarrer eine Herausforderung dar. Oft ist es eine neue Erfahrung, die hier zugemutet wird. Jugendliche ohne Behinderung haben in der Regel keinen Kontakt zu behinderten Altersgenossen. Entsprechend unsicher reagieren sie manchmal auf die Situation. Auch Schülerinnen und Schülern, die eine Förderschule besuchen, knüpfen selten Freundschaften außerhalb des Schulbetriebs. Dieses Phänomen ist manchmal sogar bei den Eltern zu beobachten. Deshalb muss der Konfirmandenunterricht besonders in der Anfangsphase Begegnung ermöglichen und ein fröhliches Miteinander gestalten.

Höhepunkt und Abschluss der Unterrichtszeit ist der Konfirmationsgottesdienst. In Gemeinden, die Gottesdienste ganzheitlich gestalten, die regelmäßig Familiengottesdienste feiern, wird es nicht schwer fallen, auch die Konfirmation integrativ auszurichten. In unserer Gemeinde spielt dabei das Symbol der Rose eine wichtige Rolle.

Rosa inter spinas - eine Rose zwischen Dornen - so heißt es im Gemeindesiegel. An der Blüte kann man riechen. Sie ist wunderschön, ein Geschenk, ein Zeichen der Liebe - so wie Menschen wunderbare Blumen im Garten Gottes sind. Die Dornen tun weh. Sie sagen: das Leben ist nicht immer glatt, schön, gesund. Menschen verletzen sich gegenseitig, man muss mit Leid, Krankheit, Schwierigkeiten umgehen. Auch das Leiden gehört zum Leben. Die Kelchblätter tragen die Blüte. Auch wenn die Blüte verwelkt, die Kelchblätter bleiben. Im nächsten Frühling entfaltet sich eine neue Blüte. Was auch immer passiert, Gottes Treue zu den Menschen bleibt. Es gehört zu den Herausforderungen integrativer Konfirmandenarbeit, diese Gewissheit zu vermitteln.

PREDIGTEN, ANDACHTEN, MEDITATIONEN

DER POSAUNENENGEL AN DIE STADT WASSENBERG[1]

Meine liebe Freundin von gegenüber,

Freude und Segen zuvor! Ach, lange schon habe ich hinübergeschaut zu dir. Ich, der Posaunenengel der Hofkirche. So manches Mal habe ich dir Gottes Wort ins Ohr geblasen. Und der Hahn von St. Georg, mein Bruder, hat gerufen. Jetzt stehst du da im neuen Kleid und hast dich mächtig herausgeputzt. Dein Umzug lässt uns nicht ferne sein. Die Gebeine der Mütter und Väter im Glauben liegen nun zu deinen Füßen und werden dich daran erinnern, was bleibt über den Wechsel der Zeiten - und der Kleider - hinaus. Davon will ich dir schreiben, weil ich dich lieb gewonnen habe in all den Jahren, da ich zu dir hinüber sah, und du mir am Herzen liegst. Was bleibt? Was hat Bestand? Der Apostel Paulus schreibt: Nun aber bleiben Glaube, Hoffnung, Liebe, diese drei; aber die Liebe ist die größte unter ihnen." (1.Kor 13,13) Urteile nicht zu früh! Rede nun nicht von Haushaltsplänen, Durchführungsverordnungen, Sachzwängen und Rahmenrichtlinien! All das bleibt nicht!

Es bleibt der Glaube. Das will ich dir hinüber posaunen. Und dir schreiben. Nicht der Glaube an irgend ein höheres Wesen. Sondern der Glaube an den namenlosen Gott, der sich im Nazarener Jesus zu erkennen gegeben hat. Der Glaube an seine Menschenfreundlichkeit. Der Glaube, dass die Würde des Menschen von Gott kommt und wir uns diese nicht erst durch Status, Bildung, Herkunft und Erfolg mühselig zu beschaffen haben. Der Glaube, dass folglich die Freiheit eines Christenmenschen eine unendliche ist. Der gekreuzigte Christus ist das Maß dafür.

Von der Hoffnung will ich dir erzählen. Auch sie bleibt. Wie viele Menschen ohne erkennbare Hoffnung werden durch die Tore und Türen eintreten? Die Sorgenfalten auf den Gesichtern sind nicht zu

---

[1] Der Posaunenengel der Ev. Hofkirche an die Stadt Wassenberg - Rede zur Eröffnung des neuen Rathauses am 5.12.1987

übersehen. Angesichts der Belastungen unserer Region haben sie sich tief eingefurcht. Heimatlosigkeit bedrückt sie. Die Waffen beunruhigen sie. Die Arbeitslosigkeit lähmt sie. Nicht auszudenken, was geschieht, wenn die Steinkohle nicht wackelt, sondern fällt. Die ökologischen Probleme rücken bedrängend heran. Wer kann Wege aus der Gefahr entwerfen? Ein dumpfes Gefühl der Ohnmacht ergreift vornehmlich junge Menschen, die für sich und ihre Generation kaum noch Perspektiven erkennen. Für sie sollt ihr planen, denn von den Kindern haben wir die Welt geliehen! Einmal zog einer weit hinaus, das Fürchten zu lernen. Das gelingt in unseren Zeiten näher. Nun kommt es darauf an, das Hoffen zu lernen. Hoffnung lässt nicht zuschanden werden, sagt die Bibel. Gottes Reicht sucht Entsprechung im Vorletzten. In deinem neuen weiten Kleid, meine Freundin, sollst du in die Schule der Hoffnung gehen.

Zuletzt schreibe ich dir von der Liebe. Sie ist das Größte. Sie ist geduldig und freundlich. Sie sucht nicht das Ihre. Sie freut sich an Gerechtigkeit und Wahrheit. Die Liebe kommt von Gott. Sie ist grenzenlos. Was heißt das? Für andere da sein. Die Not wahrnehmen. Ohne Ansehen der Person, der Nationalität, des Einflusses. Wie kann man erkennen, was Liebe ist? Man kann es ausprobieren in den Spuren des Nazareners. Sage nicht, meine Freundin, du könntest dich nicht bewegen, du seiest ja ein Gebäude. Du kannst! Das ist paradox: Nur wer sich in der Liebe fortbewegt, bleibt. Das schreibe ich dir, meine Freundin, in freundlicher Zuneigung. Der Segen Gottes sei mit dir! *Dein Posaunenengel, der „Geusendaniel"*

REDE DES TOTEN ABRAHAM VOM STERNENHIMMEL HERAB[1]

Da sah ich die Erde
Sie war rund und schön

Das war gestern
Oder waren's 5000 Jahr
Als wir uns aufmachten

---

[1] Meditation zu Gen 12,1-3 im Schulgottesdienst der Betty Reis Gesamtschule in Wassenberg 1991. (Die Klassen haben Sternennamen)

Ich, Abraham, und Sara, meine Frau
und die Tiere dazu
Wir suchten die Erde
Wie sie Gott versprochen hat
Verheißene Orte
Und hatten nichts im Gepäck
Außer einem Wort
Gott sagt: Ich will dich segnen
und du sollst ein Segen sein
Aber das Leben, das die Schrift
die Heilige
bezeugt
geht schwerfüßig daher
Eine weite Reise liegt hinter uns
Durch Texte und Traditionen
durch Erfahrung und Leiden hindurch

Nun bin ich längst zurückgekehrt
zu den Vätern und Müttern im Glauben
in den Himmel
wo die Träume gesät werden
die bei euch Wurzeln schlagen
Also
Vom Himmel aus betrachtet
sieht alles ganz anders aus
Der Himmel verändert die Perspektiven
Die Erdkugel ist viel kleiner geworden
Und unsere Stadt
ist weniger
als ein Staubkorn darauf
Das will uns lehren
uns nicht wichtiger zu nehmen
als wir sind

Was ich erkannte
in meinem Himmelssitz
Wie schön die Schöpfung ist
Sehr gut
ist sie hier geplant

Nur die Menschen
sind das Problem
Alle denken, der Boden sei fest
auf dem sie stehen
Denkste
Die Welt bewegt sich
und wimmelt und sucht und tobt

Vom Himmel aus betrachtet
ist das Spiel der Gestirne
ein Gleichnis
für's Leben
Die Erde dreht sich um sich selbst
Woraus zu erkennen wäre
dass jeder lernen muss
er selbst zu werden
„Ich" zu sagen
Doch umkreist sie auch die Sonne
mit vielen Planetenfreunden
Das „Ich" gehört zum „Wir"
Das Leben, wie es recht ist
findet man nur gemeinsam
oder gar nicht
Wer kann die Kraft ermessen
die dabei an uns zerrt
Schwerkraft
die uns auf der Erde hält
dem Leben Dauer und Beständigkeit verleiht
Fliehkraft
die uns immer vorwärts treibt
ins Neue
das kein Geist
zuvor sich ausgedacht

Alles bewegt sich
Und dennoch hält Gott uns fest
durch seine Liebe ohne Ende
Doch solch weite Horizonte
kann kein Astronom beschreiben

kein Fernrohr näher holen
vielleicht ein Menschenkind

Manch einer lief in diesen Bahnen
und kreiste um den Sinn des Lebens
Väter und Mütter im Glauben
Der Mann aus Nazareth
Freund des Himmels und der Erde
und was darauf sich bewegt
geschickt und ungeschickt
weise und töricht
langsam und schnell
Seine Liebe kennt keine Bedingung

So lauft nun auch ihr
Aus der Perspektive des Himmels
ist eines sicher
Gott gibt seinen Segen dazu
damit ihr zum Segen werdet

DIE NACKTE KIRCHE
(Kolosser 2,8-15)[1]

Sehet zu, dass euch niemand einfange mit seiner Philosophie und leerem Trug, der sich auf Menschentradition, auf die Weltelemente gründet statt auf Christus. In ihm wohnt nämlich die ganze göttliche Fülle wahrhaftig. Und in ihm seid ihr zu eurer Erfüllung gekommen. Er ist das Haupt aller Reiche und Gewalten. In ihm wurdet ihr auch beschnitten mit einer Beschneidung, die nicht mit Händen gemacht ist, als ihr nämlich euren fleischlichen Leib ablegt bei der Beschneidung durch Christus. Mit ihm wurdet ihr auch begraben durch die Taufe, und mit ihm seid ihr auch auferweckt worden durch den Glauben an die Macht Gottes, der ihn von den Toten auferweckt hat. Und er hat euch mit ihm lebendig gemacht, die ihr tot waret in euren

---

[1] Predigt zur Einführung in das Amt des Superintendenten, Kreuzkirche Wassenberg, 10.4.1994

Verfehlungen und in eurem unbeschnittenen Fleisch, und hat uns vergeben alle Verfehlungen. Ausgelöscht hat er den Schuldschein, in dem verzeichnet war, was ihr schuldig bliebet. Er hat ihn beseitigt und an das Kreuz geheftet. Durch Christus hat er die Mächte und Gewalten ihrer Macht entkleidet, sie öffentlich zur Schau gestellt und einen Triumph über sie gehalten.

„Er ist ja nackt, er hat ja gar nichts an", ruft ein kleines unschuldiges Kind im Märchen von des Kaisers neuen Kleidern. Am Sonntag Quasimodogeniti, nach der Art der neugeborenen Kinder, leihe ich mir diese Kindereinsicht für den ersten Satz. Sie ist ja nackt, die Kirche, sie hat ja gar nichts an. Wenn nach dem Kolosserbrief Gott die Mächte und Gewalten ihrer Macht entkleidet, ist die Kirche dabei. Sie ist verwickelt in die Welt. Keine Insel der Glückseligen.

Darum ist auch die Kirche nackt. Ein Satz zum Erschrecken und zum befreienden Lachen zugleich. Zum Erschrecken, weil uns der Gedanke schamrot macht, dass in Kreuz und Auferstehung allein die Zukunft der Kirche begründet ist und nicht in unseren Gemeindeaufbaukonzepten, in der Kraft der Institution, in der Kreativität der Amtsträger. Zum befreienden Lachen, weil man dann ganz ungeniert leben kann. Wie Kinder, denen die Nacktheit, die Verletzlichkeit, die Hilfsbedürftigkeit nichts ausmacht. Die Kleinen werden in unserer Welt oft übersehen und beiseite geschoben. Dabei sind sie in ihrer Offenheit die wahren Weisen. Es heißt, dass jedes Kind, das geboren wird, von Gott die Botschaft mitbringt, dass er noch nicht an der Menschheit verzweifelt. Unbefangenheit und Neugier auf das Leben, das Gott geschenkt hat - das kann unsere Kirche von den Kindern lernen.

Allein: Die Kirche tut sich schwer damit inmitten der Kleiderordnungen der Welt. Auch sie geht gern mit der Mode. Ach, wie lange kokettierte sie mit der Haute Couture der Meinungen und Philosophien, mit bürgerlicher Moral und institutioneller Macht. Und doch hat sie am Ende nichts an. Wie viele Schneider versprachen und versprechen ihr Schönheit und Ansehen! Dogmatiker wollen Goldfäden einweben ins graue Kleid des Alltags. Und wer ihre leblosen Formeln nicht versteht, ist eben dumm. Wie in dem Andersen-Märchen. Künstler lieben es bunt gepunktet. Strategen basteln an neuen Schnittmustern und nehmen sich sehr wichtig. In Zeiten des

Überflusses war der weite und großzügige Schnitt gefragt. Die Kirchensteuer machte das möglich. Auf einen Meter Stoff mehr kam es nun wirklich nicht an. Was wurde nicht alles gebaut und eingerichtet und professionalisiert! Jetzt wird mehr auf Taille gearbeitet. Die Kirche spart. Abspecken tut not. Wer kann die großen Klamotten denn noch finanzieren? Das ist out, Schnee von gestern.

Die Kirche ist nackt. Das war der erste Satz, den wir festhielten. Was soll die nackte Kirche nun tun? Es bleibt ihr nur die Rolle des Kaisers oder des Kindes. Das Märchen endet deprimierend. Da heißt es: „'Er hat ja nichts an!' rief zuletzt das ganze Volk. Und den Kaiser schauderte es, denn er fand, sie hätten recht, aber er dachte nun: 'Jetzt muss ich die Prozession durchhalten.' Und dann hielt er sich noch stolzer, und die Kammerherren gingen hinterdrein und trugen die Schleppe, die gar nicht da war." - Der Kaiser hat nichts gelernt. Gefangen in seiner Scheinwelt betrügt der Kaiser sich selbst und andere. Und die Kirche? Muss auch sie die „Prozession durchhalten"? Oder setzt sie sich der harten Wirklichkeit aus und bekommt anderen Grund unter die Füße? Und mit der Kirche so viele andere Institutionen, die in die Krise geraten sind: die Parteien, die Gewerkschaften, vielleicht sogar der Parlamentarismus. Die Prozession durchhalten oder einen neuen Aufbruch wagen - nach Art der neugeborenen Kinder?

Für die Kirche wage ich die Prognose, dass nach der Jahrtausendwende kein Stein auf dem anderen bleibt. Die alten Kleider sind von Motten zerfressen. Ihre Rolle in unserer Gesellschaft wandelt sich. Das Wohlwollen der politischen Meinungsträger ist nicht mehr selbstverständlich. Von der reichen und großen Kirche haben wir Abschied genommen wie von den Schaltzentralen der Macht. Die Kirche ist in den Hinterhof geraten. Für Wassenberger übrigens keine neue Erfahrung. Immerhin gibt es hier eine Hofkirche. Im Hinterhof macht man neue, erstaunliche Erfahrungen. Da gehen die Uhren anders. Da wird gehofft und gelitten. Da spielen Kinder mit blutigen Knien das Märchen von des Kaisers neuen Kleidern. Verzweifelt laufen Menschen ihrem eigenen und fremden Ansprüchen hinterher. Verirren sich. Werden schuldig. Suchen trotzdem nach Erfüllung. Nach Leben, das den Namen verdient. Wer sagt ihnen das richtige, das befreiende Wort. Wer spricht es so, dass die Schuldscheine

Kleiderschrank leer ist. Auch wenn sie nichts Großartiges vorzuweisen hat. Auch wenn sie Gott und den Menschen so vieles schuldig bleibt. - Am Ende sind wir ja bekleidet. Mit dem Kleid der Taufe. Mit der Menschenfreundlichkeit Gottes. Das ist nicht unser Verdienst. Trotzdem schützt die Taufe uns vor der Kälte der Hoffnungslosigkeit wie vor der Hitze der Selbstüberschätzung. Das Webmuster dieses Stoffes kann man im folgenden Kapitel des Kolosserbriefes nachlesen: herzliches Erbarmen, Freundlichkeit, Demut, Sanftmut, Geduld, Vergebung, Liebe. Gemessen an aktuellen Modeströmungen ein klarer Flop. Es fehlt der Chic des großen Geldes, der Glanz des Erfolges, die Eleganz der schnellen Heilsangebote in den Boutiquen der Esoterik. Aber für den Hinterhof ist es angemessen. Und den Kindern, die dort das Leben spielen und mit dem Osterfest im Rücken neue Aufbrüche wagen, gefällt es.

Und dass die tote Christenheit durch die Taufe quicklebendig ist, kann man ausprobieren. Schaut euch nur in den Gemeinden unseres Kirchenkreises um! Oder bei unseren katholischen Freunden! Oder in Pskow! Oder im Landeskirchenamt - auch da. Wir wollen uns gemeinsam auf den Weg machen, um Zeichen der Hoffnung zu finden.

So könnte das Märchen dennoch eine gnädige Variante finden: „Der Kaiser hat ja gar nichts an!" sagte ein kleines Kind. „Herr Gott, hört die Stimme des Unschuldigen!" sagte der Vater; und einer flüsterte es dem anderen zu, was das Kind gesagt hatte. Da begannen alle Leute zu lachen. Ihnen war ein Stein vom Herzen gefallen. Sie waren gar nicht dumm, nur eingefangen von leerem Trug. Und der nackte Kaiser lachte mit. Und er nahm das Kind bei der Hand, und sie gingen fröhlich und getrost in das Leben.

MEINE ZEIT STEHT IN DEINEN HÄNDEN
(Psalm 31)[1]

Herr, auf dich traue ich,
lass mich nimmermehr zuschanden werden,

---

[1] Predigt anlässlich der Eröffnung der Landesgartenschau in Jülich, 26.4.1998

errette mich durch deine Gerechtigkeit!
Neige deine Ohren mir zu und hilf mir!
Sei mir ein starker Fels und eine Burg, dass du mir hilfst!
Denn du bist mein Fels und meine Burg,
und um deines Namens willen wollest du mich leiten und führen.
In deine Hände befehle ich meinen Geist;
du hast mich erlöst, Herr, du treuer Gott.
Du stellst meine Füße auf einen weiten Raum.
Sei mir gnädig, denn mir ist angst!
Mein Auge ist trübe geworden.
Ich bin geworden wie ein zerbrochenes Gefäß.
Ich aber, Herr, hoffe auf dich
und spreche: Du bist mein Gott!
Meine Zeit steht in deinen Händen.

Das ist, liebe Schwestern und Brüder, ein wunderbarer Text, den wir mit einem Beter Israels beten und singen können. Da fängt jemand an zu singen vor Glück, vielleicht fängt er sogar an zu tanzen. Aber geist- und hirnverlassen ist dieses Singen und Tanzen nicht. Hier betet jemand, der eine Entdeckung gemacht hat. Die Entdeckung, dass man Gott vertrauen kann, dass es durch Schuld und Versagen hindurch neue Anfänge gibt. Er ist Gottes Geschöpf. Dadurch stehen seine Füße auf weitem Raum der Freiheit. Das hat er vorher nicht gewusst. Hier singt jemand, dessen Mund verschlossen war. Jemand fängt an zu schauen, dessen Auge trübe geworden war, jemand fängt an zu staunen, für den die ganze Welt schon abgeschrieben war, jemand fängt an zu handeln, der bedrängt wird. Erschrocken über sich und über die Welt, in der er lebt, betrachtet er seine Hände. Er sieht die Scherben des Lebens und der Welt, aber er sieht zugleich die Chancen. Veränderung ist möglich.

Warum hat die Welt Chancen? Warum haben wir die Möglichkeit der Veränderung? Der Beter Israels sagt: weil unsere Zeit in Gottes Händen steht. - Unsere Zeit - was ist das überhaupt? Ich verstehe unsere Zeit nicht. Sie ist so furchtbar unübersichtlich geworden. Klare und eindeutige Antworten haben wir nicht, nicht auf die Fragen der Gesellschaft, nicht auf die Fragen der Kirche. Wir können nicht einmal genau sagen, was der Anspruch des Glaubens ist. Aber wir nehmen wahr, welch dramatische Veränderungen die Welt durchmacht, in der wir leben. Unsere Hände gestalten sie – und zerstören sie. Beschädigung und Heilung liegen dicht beieinander. Wie unter einem Vergrößerungsglas kann man dies auf der Landesgartenschau beobachten. Die Rur, die über Jahre hinweg sich immer mehr zu einem künstlichen Kanal entwickelt hatte, ist renaturiert worden. Zu beidem sind unsere Hände fähig, zur Schädigung und zur Heilung. Gärten sind entstanden. Blumen sind gepflanzt oder gesät worden und werden in den nächsten Monaten wachsen. Die Landesgartenschau ist so etwas wie eine Sehschule für uns. Viele Tage , viele Monate, in denen wir hier umherlaufen und entdecken können: Die großen, spektakulären Dinge, aber auch die ganz kleinen. Die Insekten, die in die Blumen hineinkriechen und sich dort zuhause fühlen. Die Düfte der Blüten. Die Kunst der Steinmetze. Das Engagement der Menschen.

In Gottes Hand das Leben gestalten. Was heißt es in einer Welt, deren Perspektiven ungewiss sind, als Christ Verantwortung zu übernehmen? In Jülich kann man sich vor den zentralen Fragen der Zukunftsgestaltung nicht davonstehlen. Jülich ist Energie-Stadt. Die Steinkohle war bis vor kurzem bestimmend für die umliegenden Orte. Die Braunkohleförderung verändert die Landschaft. Atomenergie, Windenergie und Solartechnik stellen wichtige Forschungsvorhaben dar. Um die richtigen Konzepte zur Bewältigung der Energieprobleme wird gerungen und gestritten. Das ist gut so. Denn es geht ja um die Zukunft der Erde und um die Wahrnehmung rechter Verantwortung. Denn das ist deutlich: immer leben wir auf Kosten von anderem Leben. Eine bittere Wahrheit! Das Paradies ist nicht zurück zu gewinnen. Und weil wir immer auf Kosten von anderem Leben uns auf dieser Erde bewegen, deshalb gilt es, vorsichtig und sanft zu sein. So ist unsere Zeit. So ist die Welt, in der wir leben. „Meine Zeit steht in Gottes Händen," sagt der Psalmist.

Komisch ist dieses Wort „steht". Meine Zeit steht nämlich nie. Meine Zeit rast. Der Terminkalender ist voll. Die Uhr springt voran. „Zeit steht." Was soll das bedeuten? Meine Zeit oder meine Zukunft ruht in der Ewigkeit, so könnte man diesen Vers aus der Hebräischen Bibel auch übersetzen. Meine Zeit ist eingebettet in die Ewigkeit. Meine Zeit ist ein Geschenk.

Eine Zeitspanne, für die ich nichts kann. Sie ist mir gegeben ohne mein Zutun, ohne meine Anstrengung, sie ist da, damit ich sie fülle.

Also wollen wir auf dieser Landesgartenschau eine Sekunde die Luft anhalten. Eine Sekunde lang aufhören zu hetzen und zu rennen. Unsere Zeit steht , unsere Zeit ruht. Unsere Zeit steht mitten in der Schöpfung. Natur ist Schöpfung. Natur gehört nicht uns selbst, sie ist geliehen, ist qualifiziert, ist nicht nur tote Materie, sondern ist Gottes Geschenk, darf nicht verschwendet werden. Alles wovon wir in unserer geschenkten Zeit leben, auch wir selbst, kommt von ihm, dem großen Gärtner. Alles ruht in seinen Händen, er beschützt und behütet es, damit Zukunft entsteht. So groß auch die Leistungen sind, die Menschen hier auf der Landesgartenschau vollbracht haben, das Wachsen kann niemand bestellen, niemand herbeizwingen. Man kann nicht die Sonne bestellen, man kann nicht den Regen planen. Gott gibt alles gratis. Umsonst. Und weil Gott alles gratis und umsonst gibt, nur deshalb können wir als Menschen Vergangenheit und Gegenwart und Zukunft zusammenhalten. So wie es die Planer der LAGA gemacht haben, indem sie die alte napoleonische Zeit und die Geschichte des Herzogtums mit den Fragen der Gegenwart und Zukunft verbanden. Die Zeit steht.

„... in Gottes Händen" - nun also die Hände. Gottes Hände kenn' ich nicht. Sie sind ein Bild. Ein Bild für Gottes Fürsorge. Aber ich kenne viele Hände. Ich weiß, dass Hände Geschichten erzählen können. Ich kenne gut die Hände meines Vaters, starke, kräftige Hände , die zugleich zärtlich sein konnten. Ich kenne gut die Hände vieler Menschen, die mir in der Seelsorge begegnen. Sie erzählen eine Geschichte. Ihnen kann man ansehen, was sie gemacht haben, egal ob man Gärtner war oder Hausfrau, Bergmann oder Krankenschwester. Hände erzählen Geschichten und vieles ist in sie hineingeschrieben. Hände können so viele Dinge tun. Sie fangen leer an, sie tasten und suchen und entdecken die Welt im Säuglingsalter. Später greift man kräftiger zu und wenn man kräftiger zugreift, dann wächst daraus Verantwortung. Unsere Hände können gestalten und zerstören, sie werden zur Versöhnung gereicht und manchmal werden sie im Zorn in der Tasche geballt.

„Meine Zeit steht in Gottes Händen", sagt der Psalmist. Die Bibel erzählt von den Händen Gottes, weil die Bibel weiß, dass Gott uns behütet und beschützt. Auch dazu gibt es Geschichten, meistens Befreiungsgeschichten, Geschichten vom Neuanfang. Das Volk Israel wird an die Hand genommen, aus der Sklaverei befreit, durchs Meer geführt, in ein neues, ein gelobtes Land. Die Hände Gottes sind ein Bild für die Geborgenheit, die der Glaube schenkt. Wir sind beschützt und behütet. In einer Welt des Machens, Schaffens und Leistens sind wir ständig in der Gefahr, uns selbst zu überschätzen. Der Homo Faber, der Schmied des eigenen Glücks, ist kein gutes Bild für uns Menschen. Denn darüber geht die Welt oft genug verloren und die Schöpfung wird zerstört. Wenn wir aber erkennen, dass alles, was uns anvertraut ist, Gottes gute Gabe bleibt, von ihm geliehen, dann werden wir verantwortungsvoll mit der Erde umgehen.

Deshalb haben wir im Kirchengarten der LAGA eine Hand gestaltet. Sie werden diesen Kirchengarten kennen lernen. Eine Hand, und in dieser Hand kann man sitzen, man kann hören und andere Menschen treffen, man kann dort beten und singen und alles Mögliche tun. Und vielleicht erfahren wir in diesem Kirchengarten, der wie eine Hand aussieht, was der Psalmist uns zumutet: Unsere Zeit steht in Gottes Händen. In dem Raum, der uns geschenkt ist, wollen wir schauen und staunen, verstehen und handeln. Auf der Landesgartenschau haben wir noch 161 Tage Zeit, um es auszuprobieren. Amen.

WAS IST EVANGELISCH?
Der Traum der Mutter Kirche[1]

Ihre Hände waren durch die Jahre gezeichnet. Fester griffen die Finger nach der schweren Einkaufstasche, die sie im Bioladen in der Stadt gefüllt hatte. Sie wollte sich nicht anmerken lassen, dass manche Wege schwerer fielen als früher. Ein Taxi war diesmal nicht drin. Sie musste sparen. Das war eine neue Erfahrung, die sie schon seit ein paar hundert Jahren nicht mehr gemacht hatte.

Zu Hause angekommen schaute sie erst einmal in der Briefkasten. Voller Reklame! Ein paar Rechnungen. Ein Brief. Komischer Brief, dachte sie. Adressiert an „Die Kirche", kein Absender, nichts. Schnell war der Umschlag geöffnet. Darin fand sie einen kleinen

---

[1] Andacht zum Reformationstag, veröffentlicht in: ZGP 5/98

Zettel. Nur drei Worte: Wer bist du? Blöde Frage, dachte sie, und ließ das Papier auf dem Küchentisch liegen, während sie die Vorräte in den Kühlschrank stopfte, damit die nicht verderben. Sie sah noch einmal den Briefumschlag an. Doch - der Brief war für sie. Wer bist Du? Wenn sie das wüsste. Sie war natürlich die Kirche. Vorname: evangelisch. Aber was war das? Das hatte sie noch nicht herausgefunden. Sie schaute in den Spiegel, schnitt einige Grimassen, um die Falten, die sich im Laufe der Jahrhunderte ins Gesicht gegraben hatten, ein wenig zu verdecken. Wer bin ich, sagte sie vor sich hin. Und noch viel mehr Fragen schossen durch den Kopf: Woher komme ich? Wohin gehe ich?

Der Zettel mit der einfachen, schweren Frage ließ sie nicht los. In der Nacht schlief sie schlecht, wälzte sich von einer Seite auf die andere. Wer bin ich? Und was wird aus mir? Sie hatte wilde Träume, in denen ihr immer wieder der Prophet Jeremia erschien.

Mach dich auf und geh hinab in des Töpfers Haus; dort will ich dich meine Worte hören lassen. Und ich ging hinab in des Töpfers Haus, und siehe, er arbeitete eben auf der Scheibe. Und der Topf, den er aus dem Ton machte, missriet ihm unter den Händen. Da machte er einen andern Topf daraus, wie es ihm gefiel. Da geschah des HERRN Wort zu mir: Kann ich nicht ebenso mit euch umgehen, ihr vom Hause Israel, wie dieser Töpfer? spricht der HERR. Siehe, wie der Ton in des Töpfers Hand, so seid auch ihr vom Hause Israel in meiner Hand... (Jeremia 18,1-6)

Die Kirche erwachte. Bin ich solch ein weicher Ton, mit dem Gott noch einmal einen Anfang machen kann? Oder bin ich schon so hart wie ein alter Topf, der nur noch in die Ecke geworfen werden kann und zerbricht.

Ihr wurde ein wenig Angst. Sie musste an all die Kinder denken, die aus ihrem Leib gekrochen waren: der Apostel Paulus, Franziskus, Zwingli, Luther, Calvin, Schweitzer, Bonhoeffer, die vielen Namenlosen, die sie fast vergessen hatte. Wer bin ich? stand auf dem Zettel. Woher komme ich? Wohin gehe ich? Sie wusste es nicht. Oft genug hatten die älteren Kinder über diese Frage gestritten.

Die Nacht ging zu Ende. Es wartete ein neuer Tag mit neuen Aufgaben. Die Kirche band eine blaue Schürze um. Die Fragen wogen

bleischwer in ihrer Tasche. Bin ich Ton, formbar, semper reformanda? Ein alter Topf, der bald in Scherben springt? Die jungen Kinder bewegten längst andere Probleme in Herz und Verstand:
Was wird für die Notleidenden getan?
Hat das Leben Sinn? Wie kann die Welt überleben?
Was glauben wir wirklich - ohne die überlieferten Antworten der älteren Geschwister?

Und sie nahm den Scheuerlappen und wischte den Tisch, stellte den Wein zurecht und das duftende Brot. Denn heute hatten sich die Kinder zum Besuch angesagt. Das kam nicht oft vor. Deshalb sollte es ein Fest werden. Sie wollten etwas fragen. Gut, sollen sie, dachte die Kirche. Und während sie Blumen auf den Tisch stellte, murmelte sie gedankenverloren vor sich hin: Wer bin ich eigentlich?

HEILUNG AM TEICH BETHESDA
(Johannes 5,1-18)[1]

Die Lähmung

Der Gelähmte am Teich Bethesda. Eine verrückte Geschichte. Da liegt einer 38 Jahre lang im Krankenhaus und hat keine Chance. Absterben der Hoffnung. Depression. Kann ein Wunder ihm helfen?

Der Gelähmte hat viele Geschwister. Andrej z.B., 8 Jahre alt, spastische Tetraplegie, nicht förderbar. So steht es im Aufnahmebogen des Heilpädagogischen Zentrums in der russischen Stadt Pskow. Auch ein hoffnungsloser Fall. So dachte man lange Zeit in der Sowjetunion, wenn es um behinderte Kinder ging... Dann hat man gelernt, behinderte Kinder zu fördern. Ein Wunder? Oetinger betet: Herr, gebe mir die die Kraft, das zu ändern, was ich ändern kann, die Geduld, das auszuhalten, was ich nicht ändern kann, die Weisheit, beides voneinander zu unterscheiden.

Lähmungen kennen wir genug. Hoffnungslose Fälle kennen wir genug. Hat die Art und Weise, wie wir uns mit den finanziellen

---
[1] Andacht 1.3.2002

Problemen der Kirche beschäftigen auch mit Lähmung zu tun? Die fortwährenden gewaltsamen Auseinandersetzungen der Völker? Die Unfähigkeit, Konflikte zu bearbeiten? Die konstant hohen Arbeitslosigkeitszahlen? ...

Der Ort

Bethesda ... - dieses Wort haben sich die Menschen zugeraunt, weil es angesichts der Lähmungen nach Hoffnung klingt: „Haus der Gnade". Oft war es die letzte Hoffnung. Bethesda - hier haben sich die Elenden versammelt: Blinde, Lahme, Kranke, Behinderte. Sie ergreifen den Strohhalm einer Legende - (sie wird in einer späteren Textversion erzählt): Da sind Teiche, ein Engel Gottes steigt herab, um zu baden. Das Wasser wird aufgewühlt. Wer zuerst das Wasser erreicht, wird geheilt, an welcher Krankheit er auch leidet.

Solche Legenden halten sich. Überwindung der Lähmung durch ein Wunder, das vom Himmel fällt. Ausgrabungen ergaben, dass tatsächlich vier Teiche vorhanden waren. Vier Säulenhallen umgaben die Teiche von allen Seiten. Bethesda - ein gewaltiges Bauwerk. Heute werden andere Namen gehandelt, wenn es um Wunder geht: Lourdes, Reiki, Bruno Gröning, der Markt der großen und kleinen Mirakel.

Groteske Szene: Da liegt jemand 38 Jahre lang und wartet auf ein Wunder - nichts geschieht. Da hat jemand mehr als die Hälfte seines Lebens ausgeharrt, ohne jede Perspektive. Da hat einer Familie und Freunde verloren - wenn er sie je gehabt hat - und doch ist klar: Du hast keine Chance. Die Logik des Scheiterns wird klar, wenn man sich in die Szene hineinversetzt.

Oft spiele ich die Szene mit Konfirmanden, die die Rolle der mehr oder minder schwer behinderten Menschen übernehmen. Der Teich ist eine Schüssel Wasser. Reaktionen: Zorn, Verletzung, Aggression, sich Abfinden ... - Keiner beachtet den anderen. Jeder denkt an sich selbst. Im Wettlauf der Menschen zählt nur Schnelligkeit ...

Das Wunder

Offenbar ist es für die Menschen, die sich die Legende vom Teich Bethesda erzählen, nichts besonderes, dass Wunder geschehen - und dass sie nicht geschehen. Menschen sind krank oder gesund, alt oder jung, reich oder arm. Ein Wunder geschieht - wenn man schnell ist - oder es geschieht auch nicht. So ist das Leben eben. Willkürlich wird Heilung und Leiden ausgeteilt. Ist Gott so?

Das stumme Unglück des Gelähmten ist entsetzlich. Auf die Frage Jesu, ob er gesund werden möchte, kann der Kranke nicht einmal seiner Sehnsucht Ausdruck verleihen. Er antwortet nur resigniert: Ich habe keinen Menschen. Dabei ist - während er und tausende Leidende auf den Teich starren, - das Wunder bereits geschehen. Das Wunder nämlich: Jesus ist nicht an ihm vorbeigegangen! Das Wunder der Wahrnehmung des Anderen! Jesus hat auch die unausgesprochene Sehnsucht gespürt. Er hat verstanden, was es heißt, einsam zu sein und krank. Er kennt die Menschen. Er kennt uns. Das ist das Wunder in der Geschichte!

Jesus sagt: Stehe auf, nimm dein Bett und geh. Und der Gelähmte steht auf, nimmt sein Bett, geht. Das Zeichen weist darauf hin, wer Jesus ist und was er tut. Was ist hier geschehen? Krankheit macht einsam. Davon können viele Betroffene ein Lied singen. Misserfolg, Scheitern, Armut macht einsam. Und auch umgekehrt gilt die Erfahrung: Einsamkeit macht krank, lähmt, schnürt der Hoffnung die Luft ab. Wir kennen viele Beispiele. - Jemand verliert seine Arbeit - das ist das eine. Aber er verliert darüber auch seine sozialen Kontakte und die Anerkennung. Das wiegt schlimmer als der Geldverlust. - Jemand bekommt eine Krankheit und darüber geht die Ehe in die Brüche. Weil die Seifenblasen unendlichen Glücksgefühls zerplatzen. - Jemand muss sich einer psychischen Behandlung unterziehen, die alle Kräfte raubt. Zieht sich in sein Schneckenhaus zurück, weil einfach der Mut verflogen ist, der Umgebung das unsagbare zu erklären.

Auch heute befinden sich viele im Wartesaal der Hoffnung, auf den Teich starrend, ob jemand wohl das richtige Wort sagt. Auch wenn vieles in der Bibelgeschichte sehr fremd erscheint. Es ist eine Geschichte über uns.

Das Wort

Wo man stumm zu werden droht, muss geredet werden. Wo sich Krankheit ausbreitet, muss jemand an der Seite der Krankgemachten stehen. Wo Lähmung herrscht, kann das richtige Wort Beine machen und die Augen öffnen.

Jesus spricht dieses Wort aus. Die Sehnsucht, die 38 Jahre verschlossen war: Steh auf, nimm das Bett, geh. Mehr noch bekennt der Evangelist: Jesus spricht das Wort, das die Situation verwandelt. Er ist (!) auch dieses Wort. Durch ihn wird alles anders. Wenn die Christenheit spricht, spricht sie in seinem Namen. Den Stummen ein Wort, den Krankgemachten Beistand, den Opfern Frieden, den Armen Gerechtigkeit. Wer so spricht, schielt nicht abergläubisch auf einen wundertätigen Teich, sondern blickt auf Jesus, der uns einen Platz an der Seite der Menschen anweist, die resigniert haben.

Der Sabbat

Das Wort ist gesprochen, die Einsamkeit überwunden. Der Gelähmte geht aufrecht, hat bekommen, was er braucht: Zuwendung, Nähe, Verständnis. Lähmung ist besiegt.

Aber: Statt zu jubeln kommen klein karierte Einwände: Am Sabbat darf man keine Betten tragen! Jeder muss sich an die Ordnung halten! Da kann ja jeder kommen! Das hat's noch nie gegeben! Einwände, die den Aufbruch aus unseren Lähmungen verhindern. Wir sind ziemlich gefangen in unseren Ordnungen.

Aber Jesus spricht sein Wort - und der Gelähmte geht. Der Sabbat ist um des Menschen willen gemacht.

Die Sünde

Der Gelähmte ist froh, dass er wieder gehen kann, dass er nicht mehr einsam ist. Aber eines muss ihn zutiefst verstören. Die Logik Jesu: Du bist gesund geworden - sündige nicht mehr. Hatte er denn etwas Schlimmes getan, weshalb er krank geworden ist? Sünde - Der Begriff wird mit moralischem Fehlverhalten verwechselt.

Sünde ist ein Zustand, aus dem wir keinen Ausweg finden. Sünde ist Trennung vom Ursprung, vom Leben, von Gott. Das spüren wir immer dann, wenn wir einsam, unglücklich, betrogen und elend sind. Aus diesem Zustand kommen wir nicht selbst heraus, nicht aus eigener Kraft.

Vergebung schafft eine Brücke zum Leben, zum Ursprung, zu Gott. Obwohl gelähmt sind, defizitär, schuldig, unvollkommen, resigniert, sollen wir in Gottes Namen Sinn finden und leben. Die Lähmung des Körpers, aber auch der Seelen, überwinden.

Von diesem Wunder erzählt der Evangelist.

DER KRANKE MENSCH - DER GELIEBTE MENSCH
(Markus 5,1-20)[1]

Als Jesus in der Gegend von Gerasa an Land ging, sah er einen Mann, der aus den Gräberhöhlen kam, geradewegs auf ihn zu, besessen von unreinen Geistern, verstört und wirr , ein Irrer, der unter den Grabkammern lebte. Niemand konnte ihn zähmen; denn er riss sich los, sprengte die Ketten, zerriss seine Fesseln und war stärker als seine Wärter, bei Tag und Nacht unterwegs, auf den Bergen und in den Tiefen der Gräber, mit wildem Gebrüll und einem Stein in der Hand, um sich zu schlagen.

Als er Jesus, von weither, erkannte, stürzte er auf ihn zu, fiel ihm zu Füßen und es schrie mit gewaltiger Stimme aus ihm: „Jesus, Sohn des höchsten Gottes, was willst du von mir? Ich beschwöre dich: Lass mich in Frieden und quäle mich nicht." Denn Jesus hatte zu ihm gesagt: „Hinaus! Teufelsgeist! Fort von diesem Menschen!" Und dann: „Dein Name?" - „Ich heiße Legion. Legion, weil wir so viele sind." Und er bat Jesus: „Schick uns nicht fort."

Da am Fuß der Berge eine große Schweineherde graste, flehten ihn die Geister an: „Da! Die Tiere! Lass uns! Wir fahren in sie hinein!" Und er erlaubte es. Die unreinen Geister fuhren in die Schweine hinein, und die Herde stürmte den Abhang hinunter ins Meer. Zweitausend Schweine ertranken. Da liefen die Hirten davon und erzählten in der Stadt und auf den Feldern, was sie gesehen hatten, und viele Menschen machten sich auf den Weg, um zu sehen, was geschehen war. Sie kamen zu Jesus und fanden, statt des besessenen Menschen,

---

[1] Predigt anlässlich des Jubiläums „125 Jahre Rheinische Kliniken Düren", 6.5.2003

einen vernünftigen, in saubere Tücher gekleideten Mann, und sie fürchteten sich sehr.

Die Menschen aber, die gesehen hatten, was mit dem Kranken und mit der Herde geschah, erzählten es ihnen und baten Jesus, ihr Land zu verlassen. Er jedoch, der genesen war, bat ihn, unten am Hafen : „Nimm mich mit dir!" Aber Jesus schickte ihn fort: „Geh in dein Haus, zu deinen Verwandten und Freunden, und sage ihnen, was ich für dich tat; denn ich hatte Mitleid mit dir." Da ging der Mann fort, zog durch die zehn Städte ringsum, erzählte allen: „Dies hat Jesus für mich getan", und Staunen ergriff die Menschen: Ein Wunder war mitten unter ihnen geschehen.

I. Der Mensch

Ein Ort wie Gerasa liegt fußläufig etwa eine Viertelstunde vom Dürener Stadtzentrum entfernt: Die Psychiatrischen Kliniken. Statt des Meeres, in das die Dämonen entsorgt werden, fließt sanft die Rur in der Nähe. Wunder geschehen bisweilen. Jemand atmet auf, wagt den ersten Schritt, stellt sich der Wirklichkeit, sagt ja zum Leben.

125 Jahre Rheinische Kliniken stehen unter dem Gottesdienstmotto „Dienst am Menschen". Nicht, dass dies immer gelungen wäre, nicht, dass Wunder am Fließband geschehen. Psychiatriegeschichte ist auch eine Geschichte des Scheiterns und der Schuld. Aber Heilung wird möglich und erfahrbar, wenn der Mensch und sein Leiden im Zentrum steht, wenn aus Objekten der Medizin Subjekte werden, die ihren eigenen Weg finden. Menschen, die sich ins Leben tasten und hier verlässliche Partner und Begleiter finden. Heilung wird möglich in der vernünftigen Wahrnehmung der Möglichkeiten und Grenzen. Im Zentrum steht der Mensch. Und ich möchte die biblische Provokation hinzufügen: der von Gott geliebte Mensch, geliebt ohne Bedingung, ohne Einschränkung.

Wir schauen auf den Menschen, von dem das Evangelium erzählt. Auch er ein Geliebter. Das weiß er nicht. Das sieht er nicht. Er ist in schrecklicher Lage: Krankheit, Besessenheit, Irresein, eine schwere Psychose ... Ungenau sind die Symptome. Dem Text kommt es nicht auf Diagnosen an. Nur darauf: hier ist ein Mensch, der innerlich zerrissen ist. Sein Leben ist deformiert. Er fühlt sich wie verwüstet. Längst kann er das Wort Hoffnung kaum mehr buchstabieren. Seine

Wohnung sind die Grabhöhlen. Dem Tode ist er näher als dem Leben. Getrennt von den Lebendigen, getrennt vom Ursprung und Ziel des Daseins, gleiten seine Tage dahin. Überall eckt er an, provoziert Ablehnung, gerät in den Strudel der Gewalt, der ihn mitreißt, taumeln lässt und andere ins Straucheln bringt. Von solch einem hält man sich gewöhnlich fern.

Der irre Gerasener hat die Last der Krankheit zu tragen. Hinzu kommt die Last der Ausgrenzung. Ich weiß nicht, was schwerer wiegt. Er ist isoliert, weit weg von allem, was Leben heißt. Er steht nicht im Zentrum, sondern am Rand; er ist nicht geliebt, sondern verachtet.

In der Geschichte der Behandlung psychischer Krankheiten waren Trennung, Internierung oder Selektion oft angewandte Mittel. Es ist gut, sich aus Anlass eines Jubiläums auch an das System der Irrenanstalten, der sowjetischen „Internate" oder der menschenverachtenden nationalsozialistischen Gesetzgebung zur „Verhütung erbkranken Nachwuchses" zu erinnern. Von Zwangssterilisation und der „Euthanasieaktion T-4" waren auch viele Dürener Patienten in den Jahren 1933 bis 1944 betroffen. Sie wurden in Hadamar und an anderen Orten des Grauens ermordet. Auf einer Gedenktafel steht: „Niemand ist vergessen! Nichts ist vergessen!"

Die moderne Psychiatrie hat sich radikal gewandelt. In Düren finden wir neben Abteilungen der Allgemeinpsychiatrie Einrichtungen für Suchtkrankheiten, Menschen mit Behinderungen und alte Menschen. Integration und soziale Rehabilitation spielen eine große Rolle. Die Forensik hat Modellcharakter. Im Klinikleitbild ist eine Kultur der Wertschätzung zu erkennen. Nach Eugen Roth: „Der Mensch ist wie verwandelt, wenn man ihn als Mensch behandelt." Diese Kultur der Wertschätzung hat zweifellos ihren geistesgeschichtlichen Ursprung im biblischen Menschenbild, das in jedem Einzelnen unabhängig von seiner Situation, seinem Verhalten, seiner Krankheit und seinen Leistungen Gottes Ebenbild erkennt. Sein geliebtes Gegenüber. Ausgestattet mit einer unverlierbaren Würde. Vielleicht ist sie auf den ersten Blick nicht sichtbar, vielleicht ist sie versteckt oder überlagert, aber sie ist da.

II. Der Diener

Jesus begegnet uns in der Geschichte als Diener der Menschen. Er hat das Leitbild der Klinik vorweggenommen. Liebevoll geht er auf sein Gegenüber ein. Lässt sich nicht dadurch aus der Ruhe bringen, dass der Gerasener gleichzeitig um Hilfe bittet und vor ihr Angst hat. Jesus glaubt nicht an die Macht der Dämonen, die scheinbar unabänderlich Besitz genommen haben von diesem Menschen. Er vertraut auf die heilende Kraft des Wortes, des Gespräches. Dann spricht er das Wort, das den Bann bricht, das erlösende, befreiende Wort. Plötzlich öffnet sich der Gerasener, es sprudelt aus ihm heraus. Verzweiflung und Einsamkeit, Trauer und Angst finden ein Gegenüber.

„Wie heißt du?", fragt Jesus. Jeder Patient ist eine einmalige Persönlichkeit. Ein geliebtes Geschöpf Gottes, voller Möglichkeiten, nicht nur bestimmt durch Defizite und Verkrümmungen der Seele. Daran erinnert der Name. Der Prophet Jesaja überliefert das Gotteswort: „Fürchte dich nicht, denn ich habe dich erlöst; ich habe dich bei deinem Namen gerufen; du bist mein!" (Jesaja 43,1) Der Name macht uns unverwechselbar. Darauf spricht Jesus den Gerasener an. Auf seine Erinnerung an die Geborgenheit, die Gott schenkt.

Die Dämonen in unserer Geschichte heißen „Legion". Ein Deutewort. Legion - viele. Ein Hinweis auf die Römischen Truppen, die Israel besetzt halten. So wie der Gerasener ein fremd besetzter Mensch ist. Er ist noch nicht er selbst. Der Text zeigt, dass im Horizont der Krankheit und ihrer Behandlung die gesellschaftlichen Rahmenbedingungen, unter denen wir leben, nicht ausgeblendet werden dürfen. Wer nur gelernt hat, sich und andere zu hassen, wird nur schwer den lieben, der ihn einen menschenfreundlichen Umgang mit sich selbst lehren will. Diener der Menschen sein, Helfer sein, ist eine schwierige Arbeit - und eine wunderbare.

III. Die Dämonen

Die Dämonen werden unschädlich gemacht. Das Evangelium erzählt eine Satire der Befreiung. All diese fremden Mächte, die den Menschen einschnüren und ihm die Luft zum Atmen rauben, machen sich lächerlich gegenüber dem, der das Leben bringt - Jesus. Lachen hat therapeutische Wirkung. Nicht umsonst kennen wir die Tradition des

Osterlachens, das über das Geschenk des Lebens jubelt, Leben - stärker als alle Todesmächte, stärker als alle traumatischen Erlebnisse.

Der Gerasener präsentiert sich uns, nachdem die Dämonen unschädlich gemacht sind, als „vernünftiger, in saubere Tücher gekleideter Mann". Der Bann ist gebrochen. Der Mann weiß: Ich darf Leben. Ich bin geliebt. Ich bin ich selbst. Das Wunder ist nicht wiederholbar. Aber Heilung geschieht auch hier, in den Rheinischen Kliniken, wenn Mitarbeitende und Patienten gemeinsam herausfinden, welche Möglichkeiten und Grenzen wahrzunehmen sind. Ein altes Gebet sagt: „Gott, gib mir die Gelassenheit, Dinge hinzunehmen, die ich nicht ändern kann, den Mut, Dinge zu ändern, die ich ändern kann, und die Weisheit, das eine von dem andern zu unterscheiden" (F.C. Oetinger, 1702-1782). Gelassenheit - Mut - Weisheit; und im Zentrum der Mensch, der von Gott geliebt ist.

IV. Die (schwierige) Integration

Am Ende der Geschichte erklingt kein Jubel, wie man erwarten könnte, sondern die Bitte der Zuschauer, Jesus möge das Land verlassen. Die Bevölkerung ist irritiert. Warum will man mit Jesus nichts zu tun haben? Er hat die so beruhigend aufgebaute Grenze zwischen gesund und krank, zwischen normal und behindert eingerissen. Es war ohnehin eine trügerische Grenze. Das provoziert Widerspruch. Jeder kennt diesen Widerspruch, der schon einmal versucht hat, eine psychiatrische Wohngemeinschaft in einem Stadtteil aufzubauen.

Integration ist immer wechselseitig zu verstehen. Deshalb haben sich die Rheinischen Kliniken in den letzten Jahren geöffnet. Nicht (allein) Menschen mit Behinderungen oder einer psychischen Krankheit bedürfen der Veränderung und des Lernens, sondern auch die Gesellschaft, in der sie leben. In christlicher Perspektive ist ja jeder Mensch auf Hilfe angewiesen, ein imperfektes Wesen. Niemand kann seinem Dasein aus eigener Kraft Sinn verschaffen, und menschliche Würde ruht nicht in seinen Leistungen, erst recht nicht in der Anpassungsfähigkeit. Menschsein heißt „In-Beziehung-Sein". Wir sind nicht autark. Wir sind eingebunden in lokale und globale Zusammenhänge, ein Netz, das uns tragen kann, das uns aber auch verwundbar macht. Nicht aus den Fähigkeiten des Menschen resultiert seine Würde, sondern aus der Bejahung, die von Anfang an für jedes Leben gilt. Eine Gesellschaft, die dieses Menschenbild lebt, wird in etwas Neues integriert, das wir noch nicht kennen.

Deshalb wird am Ende der Geschichte der Gerasener zu den Menschen geschickt. Er wird das Leben erproben, die wieder gewonnene Freiheit. Er wird anderen helfen, eigene kranke Anteile wahrzunehmen, aber auch die Möglichkeiten, die in jedem stecken. Jesus zieht sich zurück. Er lässt sich nicht bejubeln, wahrt Distanz, wo der Geheilte in neue Abhängigkeit geraten könnte. Ihm geht es nur um sein Gegenüber. In Gerasa oder in Düren: im Zentrum der Mensch, der von Gott geliebte Mensch. Amen.

ROSENGARTEN[1]

Am Anfang aller Zeiten pflanzte Gott einen Garten, das Paradies.
ER nahm Erde in die die Hand,
blies Atem hinein und machte daraus Menschen.
Adam und Eva.

Er wollte, dass die Menschen das ganze große Leben kennen lernen
die Freiheit und das Glück
das Versagen und das Gelingen
die Liebe und den Hass,
Gesundheit und Krankheit.

Er wusste, dass die Menschen eines Tages
das Paradies verlassen müssen,
um das Leben selbst zu erproben,
jenseits von Eden.

Aber wie sollten Adam und Eva das lernen?
Deshalb pflanzte Gott in seinem großen Garten
einen kleinen Garten, einen Rosengarten.
Er nahm Adam und Eva an die Hand
und führte sie zu den Rosen.

---

[1] Meditation zur Eröffnung der integrativen Kindertagesstätte „Rosengarten" in Wassenberg-Myhl, 2005

Eva sog den wunderbaren Duft auf.
Als sie die Rose in die Hand nehmen wollte,
schrie sie laut auf.
Sie hatte sich an den Dornen gestochen.
Seht ihr, sagte Gott zu Adam und Eva.
Das Leben jenseits von Eden ist wie eine Rose.

Die Blüte ist wunderschön,
ein Geschenk, ein Zeichen der Liebe,
so wie die Menschen wunderbare Blumen im Garten Gottes sind.
Denn das Leben ist wunderschön.

Die Dornen sagen:
das Leben ist nicht immer glatt, schön, gesund.
Menschen verletzen sich gegenseitig,
man muss mit Leid, Krankheit, Schwierigkeiten umgehen.
Auch das Leiden gehört zum Leben.

Die Kelchblätter tragen die Blüte.
Auch wenn ein harter Winter kommt,
die Blüte verwelkt,
die Kelchblätter bleiben.
Im nächsten Frühling entfaltet sich irgendwo eine neue Blüte.
Was auch immer passiert, sagte Gott,
meine Treue zu den Menschen bleibt.

So führte er Adam und Eva jeden Tag durch den Rosengarten,
bis sie das Paradies verließen,
um selbst das Leben zu suchen.
Später erinnerten sie sich:
die Blüte sagt:
das Leben ist wunderbar
die Dornen sagen:
Leiden, Schwäche, Schuld und Versagen gehören zum Leben dazu.
die Kelchblätter sagen:
Gottes Liebe bleibt in Ewigkeit.

NIEMALS
(1. Sam 2,1-8)[1]

Niemals. Ein schreckliches Wort. Nur das Wort „Tod" ist damit vergleichbar. Tod ist das große „Niemals", ewiges „Niemals". Hinweggefegt ist alle Hoffnung, alle Möglichkeit, alle Zukunft. Manchmal stellt sich dem „Niemals" ein trotziges „Vielleicht" entgegen. Es bekommt Unterstützung durch die Überlegung „Was, wenn ..." Dann behält der Tod nicht das letzte Wort. Auf Karfreitag folgt Ostern. Klagelieder werden durch Hoffnungsmelodien abgelöst. Darüber kommen Menschen ins Staunen und Singen. Denn das Leben fängt noch mal an.

Niemals. Dieses schreckliche Wort ist einer Frau auf die Stirn geschrieben, von der das Alte Testament, die hebräische Bibel, erzählt. Hanna. Hanna ist kinderlos. Eine Schande - damals. Ein unnützer Mensch - in der Vorstellung der alten Welt. Kränkung und Spott schlagen ihr entgegen. Sie weint. Sie ist verzweifelt. Sie betet zu Gott um den Funken Hoffnung, der uns leben lässt, um das gnädige Vielleicht, das dem Niemals Einhalt gebietet.

Da wird Hanna schwanger und bringt einen Sohn zur Welt - Samuel. In ihrem Glück, in ihrem Staunen über Gott, den Freund des Lebens, öffnet sich ihr stummer Mund, und sie singt ein Lied, das uns in 1. Samuel 2 überliefert ist:

„Mein Herz ist fröhlich in dem HERRN, mein Haupt ist erhöht in dem HERRN. Mein Mund hat sich weit aufgetan wider meine Feinde, denn ich freue mich deines Heils. Es ist niemand heilig wie der HERR, außer dir ist keiner, und ist kein Fels, wie unser Gott ist. Lasst euer großes Rühmen und Trotzen, freches Reden gehe nicht aus eurem Munde; denn der HERR ist ein Gott, der es merkt, und von ihm werden Taten gewogen. Der Bogen der Starken ist zerbrochen, und die Schwachen sind umgürtet mit Stärke. Die da satt waren, müssen um Brot dienen, und die Hunger litten, hungert nicht mehr. Die Unfruchtbare hat sieben geboren, und die viele Kinder hatte, welkt dahin. Der HERR tötet und macht lebendig, führt hinab zu den Toten und wieder herauf. Der HERR macht arm und macht

---

[1] Ostergottesdienst für den WDR, Kreuzkirche Wassenberg, 16.4.2006

reich; er erniedrigt und erhöht. Er hebt auf den Dürftigen aus dem Staub und erhöht den Armen aus der Asche, dass er ihn setze unter die Fürsten und den Thron der Ehre erben lasse."

Ein Lied gegen die Herrschaft des Wortes Niemals. Lange bevor Frauen den weg gewälzten Stein am Grab Jesu sehen, singt Hanna dieses vorösterliche Osterlied. Sie singt vom neuen Anfang, den Gott schenkt, vom Leben, das den Tod besiegt, von Gerechtigkeit für die Armen, von Würde der Gedemütigten, vom Scheitern der Feindschaft und vom Sieg der Liebe von Hoffnung, die der Trauer aufsässig ins Wort fällt. Sie singt von Gott, dem Herrn über Leben und Tod. Erst später - viel später - haben Christen bekannt: Dieser Gott hat Jesus vom Tod auferweckt.

Vielstimmig besingt Ostern die kleinen Siege des Lebens. Ich will die Melodie der Hanna im Ohr behalten. Ich will mich aufmachen und nach Ostergeschichten suchen, die Hannas Erfahrung beglaubigen: Der HERR tötet und macht lebendig, führt hinab zu den Toten und wieder herauf. Eine Ostergeschichte, die der biblischen Hanna Recht gibt, ist die Partnerschaft der Wassenberger Kirchengemeinde mit der russischen Stadt Pskow. 1991, 50 Jahre nach dem Einmarsch deutscher Truppen in die damalige Sowjetunion, machten sich rheinische Christen auf, um das Wort Versöhnung neu zu buchstabieren. Nach Jahrzehnten des Kalten Krieges sollte ein neues Kapitel zwischen den Völkern aufgeschlagen werden. Brücken bauen. Sich besuchen. Verträge mit Leben füllen. Das Wort Frieden muss in die Herzen der Menschen geschrieben werden, um Kreise zu ziehen.

1991 ist in Russland ein schreckliches Jahr. In den Läden gibt es nichts zu kaufen. Sogar Brot ist knapp. Egal, wo man sich umschaut, es gibt nichts, was nicht verbeult, defekt, geflickt, verbogen und schmutzig ist. Der Kampf ums nackte Dasein ist unbarmherzig. Die Menschen drängeln, rempeln, schubsen. Jeder will irgendwie durchkommen. Wer schwach ist, hat keine Chance.

Überall auf der Welt haben Eltern behinderter Kinder viele Sorgen. Aber in Russland ist alles noch schwieriger. Die Wohnungen sind eng. Rollstühle sind Mangelware oder unbrauchbar. Förderung gibt es nicht. Das Geld fehlt an jeder Ecke, besonders für Soziales. - Viele Familien sehen keine andere Möglichkeit, als einen Heimplatz zu suchen. Die Anstalt - eine Endstation. Kontakte brechen ab. Die Pfleger sind überfordert. Das Wort Würde wird klein geschrieben. Für ein behindertes Kind in Russland steht fest: Niemals wirst du laufen. Niemals wirst du dich selbst versorgen. Niemals wirst du entdecken, was in dir steckt.

Die Evangelische Kirchengemeinde Wassenberg und die Rurtalschule Oberbruch beraten miteinander. Noch gibt es kein Geld, kein Konzept, nicht einmal ausgebildete Mitarbeiter. In einer verrückten Hoffnung wird entschieden, in der russischen Stadt Pskow ein Heilpädagogisches Zentrum zu gründen, eine Tagesstätte für Kinder mit schweren Behinderungen. Durch Spenden finanziert. Das war 1991. Sag niemals Niemals! Seitdem wird in Wassenberg manches russische Osterlied gesungen.

Zwischenmusik: russischer Ostergesang

Das Loblied der Hanna aus dem 1. Samuelbuch ist uns nur als Text überliefert. Wir kennen die Melodie nicht. Aber ich stelle mir vor, wie die Kinder im Heilpädagogischen Zentrum Pskow danach tanzen. Julia tanzt gern nach rhythmischer Musik - und rudert mit den Armen, als wollte sie alle Traurigkeit vertreiben. Mit seiner Logopädin trainiert Sascha die Aussprache alltäglicher Worte. Dabei zeigt sie ihm kleine Piktogramme. Katja hat gelernt, beim Mittagessen ohne Hilfe einen Löffel zu benutzen. Stolz präsentiert sie das gezähmte Besteck. Lena badet im Therapiebecken der Krankengymnastik. An der Werkbank erprobt Andrej einfache Handgriffe. Das sind Alltagsszenen aus der Einrichtung für Menschen mit Behinderungen in Pskow. Eine Kirchengemeinde und eine Förderschule haben gemeinsam mit ihren russischen Partnern eine Insel der Hoffnung geschaffen. Es wird gelernt, gearbeitet, gesungen, gespielt, gefeiert. Ein fröhlicher Ort. Eine Ostererfahrung. Wo „Dürftige aus dem Staub" und „Arme aus der Asche" gezogen werden, feiern wir Auferstehung. In Pskow hat sich das Wort „Niemals" lächerlich gemacht.

Denn über Jahrzehnte hinweg galten Menschen mit Behinderungen in Russland als hoffnungsloser Störfall im System. Sie wurden weggeschlossen - zu Hause oder in Anstalten. Kategorie: nicht förderfähig! Warum soll man jemanden fördern, der doch nicht in den normalen Arbeitsprozess eingegliedert werden kann? fragen die Leute.

Warum hier Geld investieren, während es überall knapp zugeht? Habt ihr Medizin, die die Kinder gesund macht? Müssen sie operiert werden? Das ist doch kein Leben! Mit einer Behinderung! Das bringt doch nichts!

Die Eltern der behinderten Kinder zünden eine Kerze an. In Russland brennen viele Osterkerzen. Sie trauen ihrer Liebe mehr als der schlechten Prognose. Vielleicht geschieht ein Wunder? - aber das Wunder bleibt aus. Hat sich etwa die biblische Hanna geirrt, wenn sie singt: „Der Bogen der Starken ist zerbrochen, und die Schwachen sind umgürtet mit Stärke"? Was bleibt ihnen übrig, als auf die kleinen Siege zu schauen: ein glückliches Gesicht, eine Fahrt im Rollstuhl über den Markt, der Stolz gegenüber hemmungslosen Gaffern. Erst im Laufe der Jahre geht den Eltern auf, dass an jedem Tag neu das Scheitern besiegt werden will, dass Geduld ein gutes Medikament ist, dass verstehende Augen viel zu erzählen haben.

„Krasiwa", sagt Katja. Es ist das einzige Wort, das sie sprechen kann, und es heißt „schön". Krasiwa ist der Borschtsch, den sie löffelt, das Gesicht der jungen Freiwilligen aus Wassenberg, der neue Pullover, der aus dem Kleiderlager kommt, das Lied, das die russische Lehrerin mit ihr einübt. „Krasiwa" - das Leben ist schön. Katja versteht mehr, als wir verstehen.

Kerzen, auch Osterkerzen, vertreiben nicht die Finsternis. Ostern erspart uns nicht die Erfahrung des Todes, des Scheiterns, der Krankheit und Behinderung. Ostern schickt uns vielmehr auf die Suche nach Lichtern der Hoffnung mitten in der Verzweiflung, nach Hinweisen auf das Leben, das Gott jedem Menschen schenken will. Ein Leben in Würde, das nicht auf die Defizite festlegt, sondern das Wunderbare entfaltet, das in Jedem steckt. Wir sind, wie wir sind, Gottes Ebenbilder. Voller Möglichkeiten, voller Chancen, voller Zukunft. „Krasiwa" - das Leben ist schön.

Ostern heißt für mich: nach Zeichen der Hoffnung suchen, das Wort „niemals" aus dem Wortschatz streichen, die Welt mit den Augen Gottes sehen.

Zwischenmusik: Look at the world

Zum Osterfest, liebe Gemeinde, gehört die doppelte Erfahrung: Das Leben läuft im alten Trott - das Leben fängt noch mal an. Die Welt hat sich nicht verändert. Das Wort Niemals in den Schlagzeilen der Zeitung gibt den Todesmächten Recht. Irgendwo auf der Welt wird Krieg geführt. Die Starken setzen sich gegen die Schwachen durch. Die Armen werden ärmer und die Reichen reicher. Überall wird jemand gekreuzigt und niemand rollt den Stein vom Grab.

Zugleich aber - blüht Hoffnung, wo niemand es vermutet. Zugleich aber - beginnen Menschen Osterlieder zu singen. Die biblischen Zeugen des Wechsels vom Tod zum Leben tragen Gesichter wie wir: Frauen, die den Sieg Jesu verkünden, Jünger, die den nächsten Schritt wagen, obwohl der Zweifel noch tief in ihnen sitzt, Hanna, die Gedemütigte, die von ihrem Gott singt, der sie wieder auf der „Thron der Ehre" setzt.

Die Auferweckung selbst wird in der Bibel nicht geschildert. Wir haben nur die Geschichten von Menschen, die ihre Erfahrungen mit dem Auferweckten machen. Menschen, für die eine neue Situation entsteht, weil Gott sich mit seinen Verheißungen einmischt in ihr Leben. Denn Hoffnung ist immer ein Geschenk. Und das Neue sieht oft anders aus, als wir es erwarten. Deshalb wünsche ich mir offene Augen, die Ostergeschichten zu sehen, die heute unter uns geschehen - in Deutschland und Russland und überall auf der Erde.

Niemals, habe ich früher gedacht, wird der Ost-West-Konflikt überwunden. Jetzt erscheint diese Ansicht fast lächerlich. Die Partnerschaft zwischen Wassenberg und Pskow macht deutlich, dass Versöhnung kein leeres Wort ist. - Niemals, haben einmal russische Bürokraten den behinderten Kindern ins Stammbuch geschrieben, werdet ihr lernen, essen, gehen, trinken, die Toilette benutzen. Aber Gott sagt: Halt! Und hebt den Dürftigen aus dem Staub, wie Hanna singt. Die Pskower Kinder sagen dazu „Krasiwa" - das Leben ist schön. Und jeden Tag sind neue Seiten zu entdecken.

Das Leben, das Gott schafft, ist stärker als der Tod, stärker als alle Einwände. Zukunft blüht unvermutet im Schatten der Verzweiflung. Darum singen wir, dass das Leben noch mal anfängt. Im Takt der Hanna. „Mein Herz ist fröhlich in dem HERRN, mein Haupt ist erhöht in dem HERRN. Mein Mund hat sich weit aufgetan wider meine Feinde, denn ich freue mich deines Heils." Darum singen wir - modern und traditionell, auf Deutsch und Russisch. Darum singen wir westlich und östlich - und beides ineinander. Christos voskrese! Voistinu voskrese! Christus ist auferstanden! Er ist wahrhaftig auferstanden! Und das Leben fängt noch einmal an.

Amen.

Zwischenmusik: Das Leben fängt noch mal an

BAUSTEINE AUS SUPERINTENDENTENBERICHTEN

DIE LAGE UNSERER KIRCHE IST EINE SEHR ERNSTE
(Kreissynode Düren, 28. Mai 1994)

Ich möchte Ihnen heute keinen Bericht zur Lage des Kirchenkreises Jülich vorlegen. Nach 48 Tagen im Amt des Superintendenten bin ich naturgemäß noch in der Phase der Orientierung. Außerdem sieht unsere Geschäftsordnung keinen Superintendentenbericht für Sondersynoden vor. Heute möchte ich nur die finanzielle Lage bedenken, die zur Zeit alle Gemüter erregt. ...

„Die Lage unserer Kirche ist eine sehr ernste. In unserem Diasporagebiet kommt das den meisten wohl nicht in vollem Maße zum Bewusstsein, und auch sonst scheint es in weiten Kreisen nicht genügend erkannt zu werden. Wir sollten uns aber alle darüber klar sein und die Folgerungen daraus ziehen." Mit diesen Worten begann Superintendent Bungenberg die Verhandlungen der Kreissynode Jülich in Wassenberg am 15. Juli 1930.

Lamentieren über die Lage der Kirche! - Schon gehabt!
Die Kirche am Scheideweg! - Wann wäre sie nicht am Scheideweg?
Der Kirche laufen die Leute weg! - Die Austrittszahlen verraten nur die halbe Wahrheit. Es gibt auch eine unglaubliche Sehnsucht nach Gemeinschaft, verantworteter Spiritualität, Orientierung am Evangelium. Die Verbundenheit unserer Gemeindeglieder mit ihrer Kirche ist viel intensiver und freundlicher als die öffentliche Meinung es vermuten lässt.

Die aktuelle Aufgeregtheit hat einen Grund. Ein Gespenst geht um, das Gespenst des knappen Geldes. Wie alle Wesen aus dem Reich der Dämonen verbreitet es Angst und Schrecken, besetzt die Gedanken, macht uns unfähig, die Wirklichkeit wahrzunehmen. Dass dies nicht das letzte Wort sein kann, lehrt ein kurzer Blick ins Neue Testament. Der Herr der Kirche bestreitet die Macht der Dämonen und stellt die Menschen, die ihm vertrauen, auf den weiten Weg der Freiheit. Wenn die Finanzen der Kirche nun knapper werden, lasst uns in aller Ruhe bedenken, was zu tun ist. Aufgeregtheit, Konkurrenzdenken, Neid schaden der Sache und laden nicht ein, dem Evangelium besonderen Glauben zu schenken. Immerhin sind wir Spezialisten in Sachen Hoffnung. Krisen sind auch Chancen. Lange verdrängte inhaltliche Fragen kommen zurück auf den Tisch des Tages. Die Frage nach dem evangelischen Proprium ist noch lange nicht beantwortet. Alte Konzepte müssen überprüft, das Kleid der alten Mutter Kirche neu geschneidert werden. Die nächsten Monate sind ein Prüfstein für unsere Dialog- und Handlungsfähigkeit ...

KOORDINATEN
(Wassenberg, 24. Juni 1995)

Alles schwimmt. Wohin treiben wir? Alles bewegt sich. Wer bewegt die Kirche? Unsicherheit hat sich breit gemacht, wohin denn der Zug fahren soll und wer für den nötigen Dampf sorgt. Eine Standortbestimmung fällt schwer. Das treuherzige Motto des Kirchentages „Es ist dir gesagt, Mensch, was gut ist" klingt wie ein Pfeifen im Nebel. Wissen wir, was gut ist? Oder sind wir auf dem Weg in die große Beliebigkeit?

Ich kann in meinem Superintendentenbericht nur einige Koordinaten aufzeichnen, in denen unser Kirchenkreis zu orten ist. Wo wir uns befinden und welche Perspektiven für uns wichtig sind, wird teilweise diese Synode zu sagen haben.

Fünfzig Jahre nach dem Kriegsende

Wer die Zukunft planen will, muss verstehen, wo wir herkommen. 8.Mai 1945. Was war es nun? Befreiung? Niederlage? Zusammenbruch? Der Streit um Begriffe ist müßig. Erfahrung lässt sich nicht objektivieren. „Nur im Untergang lag die Befreiung", schreibt eine Wochenzeitung und bindet die auseinanderdriftenden Begriffe zusammen. ...

Der 8. Mai 45 - jeder hat den Tag anders erlebt. - Ein geflüchteter Soldat aus seinem Versteck: „Der Krieg ist heute aus... Der Frieden wäre da. Aber was für einer? Ich wage nicht in die Zukunft zu sehen. Alles hin. Wer weiß ob ich jemals meine Lieben wieder sehe. Wenn sie tot sein sollten, dann lohnt es sich auch nicht, dass ich weiterlebe." - Thomas Mann, USA: „Außergewöhnlicher Tag. Zeitschriften gelesen. Abends französischen Champagner zur Feier des VE-Day." - Matrose: „Wie ist es möglich, dass Leute bei uns diese Verbrecher geliebt haben? - Frau in Pommern: „Heute sieht man nicht mehr so viele Russen im Dorf. Am Abend erscheint der polnische Polizist mit Gewähr und verkündet: Frieden. Man kann's noch nicht fassen. Abends singen wir: Nun danket alle Gott."

Bruchstücke der Erfahrung ergeben noch nicht das alte Gefäß, wenn man sie zusammenklebt. Unser Zugang zum 8. Mai wird immer unzulänglich bleiben. Sicher ist: Es war ein neuer Anfang. Nazideutschland war zerbrochen. Unter dem Asphalt der Diktatur regte sich neues Leben. Warum gedenken wir dieses Datums? Sentimentalität kann es nicht sein. Den Älteren liegen die Erfahrungen des Frühjahrs 45 wie ein Alptraum auf den Seelen. Die Jüngeren singen längst andere Lieder. Wir gedenken, weil wir verstehen wollen, wer wir sind, wo wir herkommen, wohin wir gehen. Nur deshalb. Wir stehen in einer Geschichte. Das Erbe kann man sich in der Regel nicht aussuchen. Im Guten wie im Bösen. Man kann nur aus dem Erbe etwas machen. Fatal wäre es allerdings, wenn Geschichte immer nach dem gleichen Muster abliefe. Denn der Frieden ist eine unerledigte Aufgabe. Kein Tag, an dem nach 1945 keine Schüsse fielen. Kein Tag, an dem die Erde nicht geplündert wurde. Kein Tag, an dem die Reichen den Hungernden nicht das Brot gestohlen hätten.

Der Jubel hielt sich in Grenzen. Nach '45 hatten die meisten den Eindruck, irgendwie betrogen zu sein. - Betrogen die Deutschen, die ihr Schicksal an den Großen Diktator banden. Wer mit schuldigen Händen sät, erntet nur den Tod. - Betrogen die wenigen Widerständler. Ihre Hoffnung auf das große Aufräumen nach der Kapitulation erfüllte sich nicht. Die Richter blieben Richter, die Polizisten tauschten die Uniform, die Lieblinge der Partei verdienten sich auch später ein goldene Nase. - Betrogen die Juden. Hitler hatte sein Ziel erreicht. Das Volk Gottes ausradiert zur Bedeutungslosigkeit. Jüdische Kultur, jüdisches Leben in Deutschland wird schmerzhaft entbehrt. - Betrogen die Sieger. Die rote Fahne über dem Reichstag war eben nur eine Inszenierung. Schon bald ging es Deutschland besser. Das Wirtschaftswunder stellte die Perspektiven von Siegern und Besiegten auf den Kopf. In Russland ist der Alltag noch immer nicht eingekehrt. - Betrogen die Vertriebenen. Sie verloren Heimat und Acker und wurden zu Fremdlingen - und viele von ihnen bildeten den Kern unserer Gemeinden im Kirchenkreis. - Die Erfahrung sagt, dass Betrug die Welt regiert. Schlauheit setzt sich durch. Die Heilige Schrift sagt, dass gesegnet ist, wer Sanftmut übt, nach Gerechtigkeit hungert, den Frieden macht.

Ein neuer Anfang war der 8. Mai, inmitten aller Schuld. Ein Dichter schreibt: „Mag sein, dass ich einmal, wenn alles erreicht ist, erreicht habe nichts als ein Anfang von vorn". Christen nennen das Gnade, Gottes Befreiung aus Schuldverstrickung und Todesmacht.

Zwischen Sammlung und Sendung - Dietrich Bonhoeffer

Zu den Gedenktagen gehört auch die Erinnerung an den Theologen Dietrich Bonhoeffer. Er wurde am 9. April 1945 von den Nazis im Konzentrationslager Flossenbürg ermordet. Der Kirchentag hat ihm einen „Liturgischen Tag" gewidmet. Ich hoffe nur, dass der Bonhoeffer-Boom, der überall spürbar ist, die kritische Kraft seiner Theologie nicht zukleistert. Noch vor 20 Jahren verirrte sich kein deutscher Theologe auf einen der großen Bonhoeffer-Kongresse, Bethge natürlich ausgenommen. Nun ist er plötzlich Gewährsmann einer ganzen Theologengeneration. Warum? Ich habe eine Vermutung. Die beunruhigt mich. An die Stelle theologisch verantworteter Suche nach der Wahrheit tritt mehr und mehr die Orientierung an authentischen Personen, an evangelischen „Heiligen". Eine gesetzliche, moralisierende Entwicklung, unter der die Botschaft der Rechtfertigung, das simul justus et peccator, zu ersticken droht. Befreiung aus gottlosen Bindungen schafft das alles nicht. Zudem lädt der fragmentarische Charakter seines Werkes ein, Texte als Steinbrüche zu missbrauchen, die die je eigene Position untermauern.

Auf der letzten Synode ist mit Recht angefragt worden, ob wir den Begriff „Kirche für andere", den Bonhoeffer geprägt hat, nicht allzu unkritisch verwenden…

Bonhoeffer hat das Thema in seinen Gefängnisbriefen an Eberhard Bethge formuliert. „Kirche ist nur Kirche, wenn sie für andere da ist. Um einen Anfang zu machen, muss sie alles Eigentum den Notleidenden schenken. Die Pfarrer müssen ausschließlich von den freiwilligen Gaben der Gemeinden leben, evtl. einen weltlichen Beruf ausüben... Sie muss den Menschen aller Berufe sagen, was ein Leben mit Christus ist, was es heißt, 'für andere da zu sein'."[1] Hier ist eine andere Kirche gemeint als unsere. Bonhoeffer konnte sich nach dem Kirchenkampf und der Erfahrung in der Konspiration kein Anknüpfen an die alte Volkskirche der DEK von 1919 vorstellen. Nicht die Kirche steht im Zentrum, sondern die Welt. Nicht ihre Ausbreitung, sondern die Aufrichtung des Schalom. Nicht ihre Selbstsicherung, sondern die Teilnahme am „für-andere-Dasein" Jesu, der Mission Gottes.

In den 60er Jahren hat man intensiv um die komplizierte Wechselbeziehung von Sammlung und Sendung in der Kirche gestritten. Steht der Gottesdienst im Zentrum (Sammlung) oder das Engagement für die Welt (Sendung)? Die Nachwirkungen erkennen wir noch heute in den ausgesprochenen oder stillschweigenden Gemeindeaufbaukonzepten unserer Gemeinden im Kirchenkreis. „Missionarischer Gemeindeaufbau", „Kirche für andere", „Markt der Möglichkeiten", „Gemeinwesenarbeit" waren Schlagworte der Diskussion. Es stellt sich also das Problem der Kirche als „Sein" oder „Funktion" Jesu Christi. Wo das Sein der Kirche, ihr Eigenleben zu stark betont wird, da verfällt man in Klerikalismus, wo die Funktion ausschließlich zum Zuge kommt, droht die Selbstauflösung.[2]

Gewiss gibt es in der Theologie Bonhoeffers ein Gefälle in der Beschreibung der Kirche. Am Anfang seines Nachdenkens[3] überwiegen die Züge einer Selbstzwecklichkeit der Kirche. Nur eine starke Institution kann sich effektiv für Menschen einsetzen. Am Ende, in den Gefängnisbriefen, ist nur noch die Funktion wichtig. Kirche ist eine Funktion des Willens Gottes. Wo Menschen für andere da sind, wo sie Christus nachfolgen, „geschieht" Kirche. Trotz dieses Gefälles ist der Begriff „Kirche für andere" ein roter Faden im Werk Bonhoeffers, auch zu Zeiten einer intakten Volkskirche. Er setzt nicht notwendigerweise die Auflösung der Institution voraus. Kirche und

---

[1] Dietrich Bonhoeffer: Widerstand und Ergebung, hg. v. Eberhard Bethge, München 1970, S.415f.
[2] Zum Ganzen vgl. Eberhard Bethge: Was heißt: Kirche für andere? in: ders., Ohnmacht und Mündigkeit, München 1969, S. 152 ff.
[3] Z.B. in der Dissertation „Sanctorum Communio" von 1927

Weltlichkeit gehören in gleicher Weise zusammen, wie Bonhoeffer das Beten und das Tun des Gerechten unter den Menschen zusammenbindet.[1] Das eine bedingt das andere.

Welche Folgen hat das nun für unsere diakonischen Aktivitäten? ... Ohne Diakonie, ohne Sendung in die Welt, fehlt unseren Gemeinden das Zeugnis der Menschenfreundlichkeit Gottes für die Welt. Ohne Diakonie würden wir zu einer Gruppe frömmelnder Sektierer verkommen. Ohne Diakonie würden wir uns in die Phalanx der Elenden einreihen, denen Jesus zuruft: „Was ihr nicht getan habt einem unter diesen Geringsten, das habt ihr mir auch nicht getan."(Mt 25,45) - Und die Kehrseite der Medaille liegt ebenso auf der Hand: Ohne Glauben an Jesus, ohne Hoffnung auf Gottes Reich, ohne Elemente der Sammlung und Vergewisserung, verflacht Diakonie zum beliebigen Sozialbetrieb. Engagierte Einzelne und Gruppen mögen sich in ehrenwerter Weise mühen, vielleicht bis zum „burned out", sie verpassen jedoch die heilsame Verschränkung von Beten und Tun des Gerechten, von Sammlung und Sendung, von Gottesdienst und Einsatz für Menschen in Not. Diakonie muss eben mehr sein als ein Reparaturbetrieb, der in der Gesellschaft das Schlimmste verhindert. Im Horizont des Reiches Gottes will sie nicht nur Not lindern, das ist schwer genug, sie will Ursachen der Not verhindern, Isolation durch gelebte Gemeinschaft überwinden, Knechtschaft durch gewagte Freiheit auflösen...

Diakonie als Wesens- und Lebensäußerung der Kirche; das hört sich schön an. Zu schön. Denn in Wirklichkeit backen wir kleine Brötchen. Immerhin. Heute werden wir entscheiden müssen, wie es mit den Diakoniestationen weitergeht. Das vorgelegte Konzept der Vernetzung mit den vielfältigen Diensten der Kirchengemeinden scheint mir einiges von dem einzulösen, was ich eben in der Theorie dargestellt habe: Gottesdienst, Seelsorge, ehrenamtliches Engagement und professionelle Hilfe werden miteinander verbunden, um kranken und sterbenden Menschen zu helfen.

Gleiches könnte man von der Asylarbeit sagen, ... Die Evangelische Kirche hat mehrfach ihre Kritik an der neuen Asylgesetzgebung zum

---

[1] Dietrich Bonhoeffer: Widerstand und Ergebung, hg. v. Eberhard Bethge, München 1970, S. 328.

Ausdruck gebracht. Sie verschiebt nur die Probleme in andere Verantwortlichkeiten. Deshalb gilt weiterhin uneingeschränkt das Wort der Kreissynode zur Asylproblematik vom 9.11.1991. In der 6. These heißt es: „Wo staatliches Handeln versagt, bleibt die Christengemeinde in der Pflicht gegenüber den Opfern." Wenn zunehmend Duldungszeiten ablaufen, wenn eine Altfallregelung nicht zustande kommt, wird in den Gemeinden die Bereitschaft wachsen, Kirchenasyl durchzuführen. Einige Presbyterien haben schon entsprechende Beschlüsse gefasst. Dabei ist deutlich, dass es keinen rechtsfreien Raum in unserem Staate gibt, auch nicht in der Kirche. Der Sinn des Kirchenasyls kann also nur der sein, in Fällen, wo der Gemeinde bisher unbeachtete Fakten bekannt sind, wo dem Einzelschicksal und der Gefährdung der Betroffenen nicht die nötige Beachtung gewährt wurde, eine Wiederaufnahme des Verfahrens zu erreichen und die vorzeitige Abschiebung zu verhindern.

HEINE
(Kreissynode Eschweiler, 8. November 1997)

Der Mann war ein Ereignis und ein Skandal. Nichts stimmt, was wir über ihn wissen und alles ist wahr. Er war Atheist, Pantheist, Jude, gläubiger Christ, genauer - und was heißt hier schon genau - ein Jude, der sich protestantisch taufen ließ, katholisch heiratete und sich später bekehrte. Aber wozu?

Für mich ist er der größte Wortzauberer deutscher Sprache. 1797 - vor 200 Jahren: Geburt Harry bzw. Heinrich Heines in Düsseldorf, gestorben 1856 in Paris. Dazwischen liegt ein atemloses Leben voller Skandale, Polemik und Leiden - an Deutschland, am allzu zerbrechlichen Körper, an der Frage nach dem Sinn des Lebens. Seine wunderbare Literatur kreist um die Themen Liebe, Politik und Religion. Der Theologe Heine ist weithin unentdeckt, weil er nicht in unsere kleinformatigen Schubladen passt. Hier sind noch Schätze zu heben. Dazu später mehr. Seine Texte haben mich ein Jahr lang begleitet. In Muße, Arbeit und Krankheit waren sie Freude, Trost, Ansporn, Ärgernis - immer eine Herausforderung. Inzwischen ist die billige Insel-Ausgabe (HWI) zerlesen.

1843 reist Heine von Hamburg nach Paris durch ein herbstliches Deutschland. „Deutschland - ein Wintermärchen" soll entstehen:
Im traurigen Monat November wars,
Die Tage wurden trüber,
Der Wind riss von den Bäumen das Laub,
Da reist ich nach Deutschland hinüber. (HWI 1,424)
Neben Aachen, Köln und anderen Städten machte er in Wassenberg halt. Das wird verschwiegen. Fast eine Woche lang wohnte er im Gasthaus „Zur Post". Solche Besuche bleiben nicht ohne Folgen.

Es gibt große und kleine Mosaiksteine, Linien und Tupfer im Leben eines Kirchenkreises. Manche Daten sind in meinem Tagebuch rot angestrichen. Sie bleiben wichtig über den Tag hinaus, haben Gedanken geprägt, Weichen gestellt. ...

27.3.97 Gottesdienst zur Schließung von Sophia Jacoba

Denk ich an Deutschland in der Nacht,
Dann bin ich um den Schlaf gebracht,
ich kann nicht mehr die Augen schließen,
und meine heißen Tränen fließen. (HWI 1,123)

Das gemeinsame Wort der EKD und der Deutschen Bischofskonferenz zur wirtschaftlichen und sozialen Lage in Deutschland „Für eine Zukunft in Solidarität und Gerechtigkeit" hat weite Kreise gezogen. Wir haben dem Thema unsere Sondersynode am 28. Juni gewidmet. Deshalb brauche ich auf die Problemlage, die unser Land in Atem hält, nicht weiter eingehen. Es hat sich gezeigt, dass der Dialog der Kirche mit der Wirtschaft und den Arbeitnehmervertretungen dringend nötig ist. Auch die Presbyterien vor Ort müssen diesen wichtigen Lebensbereich ihrer Gemeindeglieder intensiver wahrnehmen. Kirche ist keine Insel im Meer, sondern der Ort, wo das Evangelium mit den Ängsten und Hoffnungen der Menschen versprochen wird. Ich bin in diesem Zusammenhang sehr froh, dass der KDA die Gespräche mit dem Dürener Industrieverband verstärkt hat und im Kreis Heinsberg ein Kreativprojekt gegen Jugendarbeitslosigkeit durchgeführt worden ist.

Zu den traurigsten Kapiteln in unserer Region gehörte die Stilllegung der Zeche Sophia Jacoba am Gründonnerstag. Damit endete zugleich jahrhunderte langer Steinkohlenbergbau im Aachener Revier. Was wir verloren haben - wirtschaftlich, kulturell, sozial - werden wir erst in Jahren verstehen. Ein Blick über die Grenze nach Limburg lehrt, dass solche Wunden nur langsam vernarben.

Zur Stilllegung fand ein ökumenischer Gottesdienst statt, den ich mit Regionaldekan Günter Meis gestaltet habe, ein Trauergottesdienst, an dem 5.000 Bergleute und ihre Angehörigen teilnahmen. Trauergottesdienst ist nach meiner Einschätzung die korrekte Bezeichnung, denn der Niedergang der Zeche und die Reaktionen der Menschen glichen in vielerlei Hinsicht den Phasen eines Trauerprozesses, wie sie uns in der Seelsorge oft begegnen:

UNGEWISSHEIT - Die Steinkohle steht als Beispiel für die neue technologische Revolution. Seit Ende der 50er Jahre schüttelt eine Krise nach der anderen die Steinkohle. Trotzdem dachte in den 80er Jahren kein Kumpel an Schließung.

VERLEUGNUNG - Wir sind die modernste Zeche Europas! Heimische Steinkohle ist unverzichtbar! Wehe dem, der das Tabu brach und vom Ende redete! Verleugnung, weil die Seele das Schreckliche nicht erträgt. Aber Hoffnung kann auch lähmend sein, wenn die Krankheit sich längst eingenistet hat. Das Ende einer Zeche wurde eingeläutet, die Generationen Arbeit und Brot gegeben hat. Am letzten Tag waren alle in Gedanken da: die stolzen Bergleute der ersten Belegschaft von 1914; die umjubelten Kumpel der Nachkriegsgeneration, die das Wirtschaftswunder ermöglichten; auch die Opfer, die unter Tage blieben oder unter Silikose litten; die vielen Bergarbeiterfamilien in den Siedlungen mit ihren Geschichten, mit ihrer Kultur, mit selbstverständlicher Nachbarschaftshilfe; die Gastarbeiter, die die Zeche zum interkulturellen Schmelztiegel machten; die Kollegen, Aufsichtsräte, Vorstände, Betriebsräte, die tapferen Frauen, die für den Pütt kämpften, sie waren alle da.

VERHANDLUNG - Realitäten holen uns irgendwann ein. Um die Zukunft muss gerungen werden. Betriebsrat, Graueninitiative, Bürgerkomitee und Kirchen kämpften für den sterbenden Patienten - und gewannen wertvolle Zeit.

AUFLEHNUNG - Wenn ein Sterbender merkt, dass das Ende naht, entwickelt er noch einmal große Energien. Knapp 5 Mill. Arbeitslose in der Statistik, de facto sind es 8 Mill., beschreiben die radikale

Veränderung im Klima der Republik, die Auflehnung verdient. Die Aktienbesitzer, verzeichnen einen Rekordgewinn nach dem anderen, gleichzeitig werden tausendfach Arbeitsplätze zerstört. Die Drittelgesellschaft ist bald vorstellbar: ein Drittel wohlhabend, ein Drittel der Angst vor sozialer Deklassierung ausgesetzt, ein Drittel im Abseits. Wenn sich Kirche in dieser Situation zu Wort meldet, dann deshalb, weil unsoziales Handeln Gott die Ehre abschneidet. Der Kampf der Bergleute und der Frauen hat nicht die Zeche gerettet, aber am Ende stand der zarte Erfolg, Zeit und eine soziale Flankierung der Stilllegung gewonnen zu haben.

TRAURIGKEIT - Depression geht um in Hückelhoven und Umgebung. Nicht nur Arbeitsplätze sind verloren, auch eine Kultur. Geschäfte schließen, weil Kaufkraft fehlt. Auch den Kirchengemeinden fehlt das Geld im Haushalt, um die soziale Arbeit zu leisten, die nun nötig wäre.

ANNAHME - Traurigkeit und Bitterkeit haben nicht das letzte Wort. Drei Tage nach dem Karfreitag feiert die Christenheit Ostern, das Fest des neuen Anfangs, für den Gott selbst einsteht. Der Deckel ist auf dem Pütt, aber nicht auf den Menschen. Nun endlich - viel zu spät - müssen in unserer Region Entscheidungen für einen industriellen Umbruch getroffen werden.

16.4.97 Ökumenetreffen mit Bischof Mussinghoff

Doch siehe! dort im Mondenschein
Den kolossalen Gesellen!
Er ragt verteufelt schwarz empor,
Das ist der Dom zu Cöllen.

Er sollte des Geistes Bastille sein,
Und die listigen Römlinge dachten:
In diesem Riesenkerker wird
Die deutsche Vernunft verschmachten!

Da kam der Luther, und er hat
Sein großes „Halt!" gesprochen -
seit jenem Tage blieb der Bau
Des Domes unterbrochen. (HWI 1,431)

Längst betrachten die Konfessionen einander nicht mehr mit der großen Skepsis, der Heine im „Wintermärchen" huldigt. Der Aachener Bischof Heinrich Mussinghoff und die Superintendenten besuchen einander regelmäßig zum Meinungsaustausch im kleinen Kreis. Offizielle Einladungen zu Synoden, Bistums- und Regionaltagen sind eine Selbstverständlichkeit. In der Diskussion um den Braunkohletagebau und die wirtschaftliche und soziale Lage sind sich die Kirchen im Grenzland einig. Der Konziliare Prozess um Frieden, Gerechtigkeit und Bewahrung der Schöpfung - ich denke dabei an die Grazer Vollversammlung im Juni - wird ökumenisch getragen. Und es gibt viele gemeinsame Aktivitäten wie das Forum der Arbeit, die Telefonseelsorge, die Landesgartenschau. Vor Ort spielen der Weltgebetstag der Frauen und die ökumenischen Pfingsttreffen, aber auch gemeinsame Amtshandlungen eine wichtige Rolle.

Praktische Ökumene - und wie steht es in der Sache? Seit dem 2. Vaticanum hat der Dialog zwischen dem Protestantismus und der römisch-katholischen Kirche manche Bastion eingerissen. Viele nehmen nun ein Erlahmen der ökumenischen Bemühungen wahr. Manches Signal aus Rom oder auch Köln kann so verstanden werden. Andererseits hat der Papst gerade in letzter Zeit zur Einheit aufgerufen und in einer Grußbotschaft an die Vollversammlung des Lutherischen Weltbundes in Hongkong die Fertigstellung der „Gemeinsamen Erklärung zur Rechtfertigungslehre" gewürdigt. Das Papier wird nun in den Beschlussgremien diskutiert. Und schon gibt es Streit. In der ersten Fassung wird die für die Evangelische Kirche so bedeutsame Rechtfertigungslehre „als Kriterium" gewürdigt, das „die gesamte Lehre und Praxis unserer Kirchen unablässig auf Christus hin orientieren" will. In der Letztfassung heißt es nur noch, die Rechtfertigungslehre sei „ein" Kriterium - neben anderen. Katholiken nämlich sehen „sich von mehreren Kriterien in Pflicht genommen". Aus protestantischer Sicht ist die letzte Fassung ein Rückschritt. Denn für uns gilt die „Rechtfertigung allein aus Glauben" als zentrales Wahrheitskriterium kirchlicher Rede und Praxis. Hier dürfen wir uns um eines gemeinsamen Papiers willen keine Unklarheiten erlauben, sonst kommt man auch in den anderen großen und kleinen Fragen nicht weiter, die wir lösen müssen:
- das gemeinsame Abendmahl bzw. die eucharistische Gastfreundschaft

- das Amtsverständnis, insbesondere die Rolle des Papstamtes
- die Frauenordination
- der gemeinsam verantwortete Religionsunterricht
- der ökumenische Gottesdienst am Sonntag

Auch in der Bemühung im Einheit müssen die konfessionellen Partner kenntlich sein und ihr Profil behalten. Es geht um versöhnte Vielfalt. Und die ist um so wichtiger, weil sich die Profile in der Suche nach dem richtigen Weg in einer bedrohten Welt bewähren müssen. Im nächsten Jahrtausend wird nämlich niemand mehr danach fragen, ob man evangelisch oder katholisch ist. Das Christsein reicht zur Markierung und Abgrenzung...

24.10.97 Regionalsynode Energie in Erkelenz

Gar manche Eiche wird zersplittern
An jenem Tag der wilde Sturm,
Gar mancher Palast wird erzittern
Und stürzen mancher Kirchenturm. (HWI 1,122)

Über Jahre hinweg haben wir uns mit dem Braunkohletagebau und seinen Folgen für unsere Region beschäftigt. Es hat allen Anschein, dass sich die Situation zuspitzt. Kaum ein Tag ohne neue Schlagzeilen. Ob sich die politische Landschaft noch einmal aus der Erstarrung festgelegter Positionen befreien wird, bleibt abzuwarten. Das von der Regionalsynode verabschiedete Positionspapier soll mit seiner differenzierten Bewertung der Sachprobleme dazu beitragen...

In meinem Bericht kann ich mich auf die Eckpunkte unserer kirchlichen Positionsbeschreibung beschränken.

Das Tagebauprojekt Garzweiler II ist in seiner Machbarkeit wie in seiner Notwendigkeit umstritten. Sowohl der Aufschluss des Tagebaus als auch der Verzicht sind mit Risiken verbunden. Wenn Christen in dieser Situation das Wort ergreifen, geht es nicht um moralisierende Besserwisserei. Alle ethischen Überlegungen wägen das mehr oder minder förderliche ab, bewahren aber nicht vor Irrtum und Schuld.

Während bei der Umsiedlung und Rekultivierung Fortschritte gemacht worden sind, bestehen nach wie vor Bedenken wegen der Treibhausgase durch Braunkohleverfeuerung und der Grundwasserschwierigkeiten. Auch das Problem des Restsees und seiner Versauerung scheint nicht zufrieden stellend gelöst zu sein. Dem drohenden langfristigen Verlust von Arbeitsplätzen bei Rheinbraun - in der Tat sind die gegenwärtigen Bergleute kaum von der Entscheidung betroffen - sind die Arbeitsplätze in der Abbauregion und die Chancen eines alternativen Investitionsprogramms gegenüberzustellen. Die Arbeitsplatzförderung der Region muss - ob Garzweiler II kommt oder nicht - schon jetzt ein neues Kapitel aufschlagen. Zusätzliche Zweifel an dem Projekt sind angesichts neuerer Strombedarfsprognosen aufgekommen.

Fazit: Wenn die Notwendigkeit des Tagebauprojektes nicht zweifelsfrei erwiesen ist, und die Schadenabwägung für einen Verzicht spricht, kann das Projekt nicht den betroffenen Menschen und der belasteten Schöpfung zugemutet werden. Unter Abwägung der unterschiedlichen Kriterien einer Entscheidung kommt die Regionalsynode deshalb zu dem Schluss, dass Garzweiler II zur Zeit nicht genehmigungsfähig ist…

Heinrich Heine, eine Herausforderung

Daten, Farbtupfer, immer auch Gelegenheit zu grundsätzlicher Überlegung. Aber das Bild wird nie vollständig. Heine-Texte haben uns begleitet. Auch er wehrt sich gegen Einordnung und Systematisierung - wie das Leben unseres Kirchenkreises. Aber ein wichtiger Akzent soll am Ende noch einmal gesetzt werden.

Am Ende seines Lebens ist Heinrich Heine ein kranker Mann. Er schreibt Gedichte nur noch aus seiner „Matratzengruft". Die Desillusionierung des Körpers bringt zugleich neue Klarheit des Verstandes. Alle Vergöttlichung des Menschseins zerbricht: „In manchen Momenten, besonders wenn die Krämpfe in der Wirbelsäule allzu qualvoll rumoren, durchzuckt mich der Zweifel, ob der Mensch wirklich ein zweybeiniger Gott sey, wie mir der selige Professor Hegel vor 25 Jahren in Berlin versichert hatte. Im Wonnemonath des vorigen Jahres musste ich mich zu Bette legen, und ich bin seitdem nicht wieder aufgestanden. Unterdessen, ich will es freymüthig gestehen, ist eine große Umwandlung in mir vorgegangen. Ich bin kein göttlicher Bipede mehr... Ja, ich bin zurückgekehrt zu Gott, wie der verlorene Sohn, nachdem ich lange Zeit bei den Hegelianern die Schweine gehütet" (Brief an Kolp). Was ist die neue Dimension seines Daseins? Es ist das Vertrauen in den Gekreuzigten, der im Leiden nahe und solidarisch ist. Es ist die wieder gewonnene Wirklichkeit. Es ist die Neuentdeckung der Bibel als Quelle der Kraft, als kritischer Maßstab, als Heimat des Vertrauens. „Welch ein Buch! groß und weit wie die Welt, wurzelnd in die Abgründe der Schöpfung und hinaufragend in die blauen Geheimnisse des Himmels ... Sonnenaufgang und Sonnenuntergang, Verheißung und Erfüllung, Geburt und Tod, das ganze Drama der Menschheit, alles ist in diesem Buche ... Es ist das Buch der Bücher, Biblia." (Briefe aus Helgoland)

Um einen Kirchenkreis, der zuerst und zuletzt in der Bibel lebt und wurzelt, muss uns nicht bange sein. Gelassenheit und Engagement, Verantwortung und Leichtigkeit, Solidarität und Phantasie fallen dann wie reife Früchte vom Baum. Und manchmal entfaltet das Leben den Duft der Poesie.

Visitationsreise mit Heinrich Heine

Im traurigen Monat November wars,
Die Tage wurden trüber,
Da lief ich mit Heinrich Heine
von Wassenberg nach Düren hinüber.

In Wassenberg ging die Reise los
dort hat man lang erörtert
wie man behinderte Kinder aus Pskow
mit Sponsormitteln gut fördert.

Über die Rur hinweg ging's ins Heinsberger Land.
sie haben dort viel renoviert.
Die Kasse ist nun derart leer
dass dem Kirchmeister beim Haushaltsstudium frieret.

Der Gangelter Pfarrer wurde bedroht
von einem zornigen Mieter
er wurde beschwört und fürstlich entschädigt
unter Murren und Schimpfen verzieht er

In Geilenkirchen hat Hesse eine Band
da wird kräftig musiziert

und mit Ernst geht's auf große Fahrt
wir hören's wenn die Gemeinde wird visitiert.

Übach West hat ein schönes Haus
man nennt es schlicht „Hütte"
für Begegnung, Jugend und Gottesdienst - genial find ich
draußen steht das Kreuz, nicht in der Mitte.

In Übach Ost macht Heine sich Sorgen.
Der Pfarrer kränkelt mit seiner Bandscheibe.
nun soll er sich schonen und nicht schwer heben
denn wir brauchen Johannes de Kleine.

Aldenhoven hat ein Haus gebaut,
für Leute, die preiswert wohnen
viel Mühe und Liebe steckt drin
aber finanziell wird sich's nicht lohnen.

In Randerath ist die Kirch renoviert
und der Erziehungsurlaub ist bald vorbei
man teilt die Stelle und rechnet clever
halb plus halb ist zwei

Auch in Hückelhoven bröckeln alte Gemäuer
und aus Kostengründen wurden Stunden gestrichen
ach, hätt' man die Erbschaft bekommen
alle Armut wäre gewichen.

In Ratheim und Gerderath ist eine Pfarrerin am Werk
in Psychodrama macht sie Examen.
Die Ausbildung ist gut, sie wundert sich nur
dass immer mehr Leut' in die Seelsorge kamen.

Auch die Wegberger Pfarrerin bildet sich fort
ein Kontaktstudium in Bonn tut ihr gut.
als Finanzausschussvorsitzende braucht sie den Weitblick
denn die Prognosen vermitteln nur Wut

Schwanenberg feierte Jubiläum
450 Jahre ist es jetzt her
dass man zur Reformation wechselte
das mit der „feindseligen Umgebung" ist allerdings eine Mär.

In Erkelenz ist alles normal,
die Stadt wächst und die Gemeinde lebt
und doch ist das Normale ein Wunder
denn wie hat es dort vor Zeiten gebebt.

Vom Turm in Lövenich schaut der Geusendaniel
aufs weite Rübenland hinaus
und richtet Gottes Wort
mit reformiertem Eifer aus.

Wegen Trockenfäule und Ungezieferbefall
droht einzustürzen die Empore von Linnich
das lässt den Harald Schneyder kalt:
ich bin Gottes Kind und darum lach ich

Jülich ist nicht wenig irritiert
dort wollen Pfarrer wohl nicht mehr dienen
Knapp ist in Köln und Meier ist weg
und der Sonderdienstler ist nicht erschienen.

Die Umsiedlung war eine schwere Tat
für die Gemeinde Inden
das neue Haus ist schön - und wird genutzt
um's Evangelium zu künden

Im Eschweiler Krankenhaus wirkt Frau Meier
auf seelsorgerliche Weise
der Vorsitzende Pinhammer hoffet zugleich
auf die Entwicklung and'rer Bereiche.

Valentin Schmitz hat Weisweiler geprägt,
war da für die Kritischen und die Frommen.
Jetzt bricht eine neue Zeitrechnung an.
dem neuen Pfarrer ein herzlich Willkommen.

Wir kamen „zu Düren" am Ende des Tages.
Fast schien es als trennte ein Meer
die Insel vom übrigen Land
und kleine Schiffe zögen hin und her.

Der Heinrich Heine ist ein Schelm
er hat es einfach sich gemacht.

Den Stopfen rausgezogen aus der Wanne, wie Gott am roten Meer.
und so ein festes Land geschafft.

So sind alle zwanzig Sprengel
auf unsrer Reise fest umklammert
und obwohl es Gründe gibt genug
wird gar nicht viel gejammert.

Die Rur, der alte Fluss,
bringt uns schnell zurück
denn Heine muss nach Frankreich fort
und wir suchen weiter unser Glück.

EIN TAG IM KIRCHENKREIS JÜLICH
(Kreissynode in Übach-Palenberg, Boscheln, 14. November 1998)

Auf unserer letzten Tagung haben wir über das Pfarrbild diskutiert. Daran anknüpfend beginne ich meinen Bericht mit der Schilderung eines Tages im Leben des Kirchenkreises.[1] Mitglieder der Lage-Besprechung haben dazu Aufzeichnungen angefertigt. Es ist ein Bild staunenswerter Vielfalt entstanden. Eine Kollage,[2] die deutlich macht, warum es eine Freude ist, in dieser Kirche zu arbeiten – und manchmal eine Last. Fast alle Themenschwerpunkte kreiskirchlicher Arbeit kommen vor, ebenso die großen Unterscheidungen: Dienst und Privatleben, Haupt- und Ehrenamt, Spiritualität und Engagement, Gelingen und Scheitern, Gemeinschaft und Einsamkeit, Pfarrdienst und Mitarbeiterschaft.

vor 8.00 Uhr

Losungen: „Der Herr wird jedem seine Gerechtigkeit und Treue vergelten." (1.Sam 26,33) „Sei getreu bis an den Tod, so will ich dir die Krone des Lebens geben." (Off. 2,10)

---

[1] Es ist der 1.10.1998.
[2] Der Kirchenkreis Ottweiler hat einmal in einem Büchlein solch eine Dokumentation vorgelegt, ohne das Verfahren der Kollage anzuwenden. Literarisch hat Walter Kempowski im „Echolot" ein Kriegstagebuch ähnlich gestaltet.

Herbert Hamann, Geschäftsführer des Diakonischen Werkes: 5.30 Uhr 16 Monate Leben machen sich vehement doppelt bemerkbar. Auf, der „Erziehungsauftrag" wartet! Der Versuch, eine Milchflasche ordnungsgemäß an den Mund zu führen, scheitert zweifach, was zum Kleidungswechsel des Vaters und schadenfrohen Grinsen der Mutter führt. 6.30 Uhr– alles in bester Ordnung. Auch die Tochter sitzt am Tisch. Es gilt die Frage zu klären: Was muss auf das Kindergartenbrot? 7.30 Verabschiedungsszenen – und dann nach Jülich.

Susanne Bronner, Pfarrerin der Ev. Kirchengemeinde Ratheim-Gerderath, Jugendpfarrerin des Kirchenkreises: Heute geht der Wecker um 6.15h. Ganz schön früh, besonders deshalb, weil es gestern Abend wieder spät geworden ist. Jedoch um 7.50h ist an der Ganztagshauptschule Gerderath Schulgottesdienst. Ich brauche morgens viel Zeit und noch mehr Ruhe, will gemütlich frühstücken und die Zeitung lesen, bevor ich das Haus verlasse.

Klaus Eberl, Pfarrer in Wassenberg, Superintendent: Die Nacht war kurz. Ich bin von einer Russland-Reise zurückgekommen. Entscheidungen waren nötig, um die Folgen des wirtschaftlichen Verfalls für die Mitarbeiter im Heilpädagogischen Zentrum Pskow zu mildern. Jetzt ist Zeit für ein ausführliches Frühstück. Ich hole Brötchen, freue mich auf die Zeit zum Erzählen und Hören. Oft ist das Frühstück die einzige gemeinsame Mahlzeit. Doch die Kinder bleiben in den Federn und frühstücken im Geh'n.

Hans Stenzel, Sozialsekretär, Erwachsenenbildung: 7.30 Uhr: Ich muss aufstehen. Neben meinem Bett springt mein Hund aus dem Körbchen. Er will sein Fressen und dann einen „kurzen" Morgenspaziergang. Ich schalte das Radio, WDR III, ein. Es gibt Musik, Nachrichten. Zurückgetreten von ihren politischen Posten sind Herr Kanther und Frau Süßmuth – nur Norbert Blüm ziert sich. Was will er noch in der Position als Landesvorsitzender?

Bernhild Werth, Schulpfarrerin an den berufsbildenden Schulen Geilenkirchen: Der Wecker klingelt um 5.45 Uhr. Draußen ist es noch stockfinster. Das Wenige, das vom Tag schon zu erkennen ist, verheißt nichts Gutes. Das Übliche im Badezimmer, dann in die Küche um Schul- und Kindergartenfrühstück für die Kinder zu machen. Eine Thermoskanne Tee kochen, ich habe meinen 8-Stunden-Tag. Um

6.45 Uhr nach Geilenkirchen. Vielleicht schaffe ich die 42 km heute in 50 Minuten. Hoffentlich fahren die Rübentrecker rechts...

8.00-10.00 Uhr

Siegfried Bowien, Pfarrer in Heinsberg, Vorsitzender des Ökumene-Ausschusses (Catholica): Ab 7.30 Uhr Vorbereitung der Kirche für den Schulgottesdienst mit der Grundschule. Um 7.50 Uhr kommen ca. 40 Kinder. Wir singen, beten, erzählen ... Thema heute: Erhört Gott unsere Gebete? Danach Besprechung mit der Putzkraft und dem Zivi. Wie war der Mittagstisch am Vortag? Was müssen wir tun, damit auch die Sozialhilfeempfänger, die Bedürftigen, kommen und sich nicht schämen? Schreibtischarbeit. Soviel Bürokratie!

B. Werth: 1.Stunde Berufsschule Geilenkirchen: Verkaufshelfer/-innen. Schon auf dem Flur höre ich, dass es wieder hoch hergeht. Fast ein Viertel der Klasse ist noch nicht da. Die anderen haben sich viel zu erzählen. Da störe ich eigentlich nur. Heute erzählen sie von ihrem Lebensalltag zuhause z.B. mit sieben Geschwistern von vier Vätern, oder in einer Mädchenwohngruppe weit weg von den geschiedenen Eltern, oder im Elternhaus des Freundes. Oft frage ich mich, wie junge Menschen noch so „normal" sein können bei der Lebensgeschichte. - 2.Stunde: Steuerfachgehilfen/-innen. Thema: Träume, Traumdeutung. Es herrscht totale Ruhe. Irgendwie haben sie sich ganz auf das Thema eingestellt: sie träumen ... - 3. Stunde Verkäufer/-innen. Thema: Beziehungen. Braucht Freundschaft Regeln? Eine lebendige Diskussion, die nach dem Klingeln in der Frage endet: „Wie machen Sie das eigentlich mit Ihrem Mann?"

Ulla Buck, Leiterin des Ev. Verwaltungsamtes Jülich: 07.48 Post aus Aldenhoven. - 07.50 Server einschalten: Störung – Gespräch mit Frau Hemmer wegen Berufsschule/Lehrgang LKA und Urlaub. Schriftverkehr abgeheftet. - 08.07 Fax der BKD zu den Bedingungen für institutionelle Kunden gelesen. - 08.13 die beiden Server hochgefahren – 08.18 PC eingeschaltet, Briefe an Finanzämter wegen NV-Bescheinigung geschrieben. 08.55 Meldewesen-Abfragen anpassen; Anruf Dahlmann wegen Ersatzbeschaffung. 09.10 Post erhalten, z.T. gelesen und verteilt.

Ute Schlammer, Pfarrerin in Wegberg, Vorsitzende des Finanzausschusses: Irgendetwas ist mit meinem Auto. Ich fahre morgens in die Werkstatt. Eine Dichtung ist kaputt. Getriebeöl läuft aus. Das Auto muss dableiben. Na bravo, denke ich, das fängt ja gut an! Um 8.30 öffnet das Gemeindebüro. Es ist unbesetzt, weil Frau Halemba Urlaub hat. Gott sei Dank ist das Layout des neuen Gemeindebriefes fast fertig. Als Wiebke Harbeck kommt, müssen wir nur noch schneiden und korrekturlesen. Und besprechen, was sonst noch anliegt. Und das Telefon beantworten. - Eine halbe Stunde Zeit, um zu planen: Schulgottesdienste in dieser Woche, morgen der ökumenische Bibelabend.

Eberl: Um acht ruft Wolfgang Hindrichs an. Es „klemmt" die Zusammenarbeit zwischen low-tec und Diakonischem Werk in Sachen Stadtteilbetrieb Eschweiler. - Ich schaue mir die Losung an, überfliege die Briefe, die sich während der Reise aufgestapelt haben: eine Todesanzeige, die mich traurig macht, Wichtiges, Kleinkram. Um neun fahre ich nach Jülich, wo mich gleich zwei Sekretärinnen empfangen. Leni Bodewein arbeitet Frau Küchen ein. Es bleibt nur wenig Zeit, um die nötigen Absprachen zu treffen. Gut, wenn man sich auf die Mitarbeiterinnen verlassen kann. ...

Georg Nebel, Synodaler Jugendreferent: 8.30 Uhr, es ist noch ziemlich kühl im Büro. Um 9.00 Uhr kommt der erste Gemeindeberater des Bistums Aachen zur Seniorberatung. Die Beratungsgespräche bringen Einnahmen für unser Referats-Fundraising. Aber nicht nur die finanziellen Gründe machen diese Arbeit so interessant.

Helmut Aston, Euregiopfarramt: Edith Stein hätte gerettet werden können, sagt Pater Burbach in der Morgenandacht, wenn ihre Schwester in der Schweiz ebenfalls Asyl angeboten bekommen hätte. Edith bleibt bei Ihrer Schwester und beide werden in Auschwitz vergast. Pater Burbach findet dann sehr kritische Worte zur gegenwärtigen Asylpolitik in Deutschland. Bevor ich den Tag begonnen habe, bin ich eigentlich schon mittendrin. Die Listen der Flüchtlingsorganisationen, die wir zu unserer nächsten Veranstaltung einladen wollen, muss Frau H. im Sekretariat noch auf den letzten Stand bringen....

Gertraud Eberius, Presbyterin in Düren, KSV, Vorsitzende des Mitweltausschusses: Eine Frauengruppe aus der Partnergemeinde Lublin/Polen ist zu Gast. Mein Mann und ich haben zugesagt, drei Frauen als Gäste bei uns aufzunehmen. Zwei sind Lehrerinnen der von der Gemeinde unterstützten Blindenschule, eine ist Dolmetscherin. Nach dem ersten Frühstück Abfahrt zur Blindenschule Düren. Führung mit der ganzen Gruppe. Zwischendurch fahre ich in die Stadt und hole einen Film für die Dokumentation. In der Pause stellen wir uns dem Lehrerkollegium vor, dann Besuch einer Klasse und der Werkstatt; Schlussgespräch mit dem Direktor.

Hamann: Da bin ich also in Jülich. Klaus Eberl bittet um Rückruf. Es geht um den Vertrag zwischen dem Diakonischen Werk und der lowtec. Ärger wegen der diesbezüglichen Telefonate steigt mir in den Kopf. Warum muss eigentlich ein gutes Projekt gerade zwischen evangelischen Partnern wie auf dem Basar verhandelt werden? Nach mehreren gegenseitigen Versuchen Klaus erreicht. Gut, dass jetzt eine Lösung zustande kommt. Die damit verbundene Hektik macht auch Spaß.

Bronner: Schulgottesdienst, Thema: Jesus hat keine Hände, nur unsere Hände. Fahre gegen 8.30 Uhr zurück, denn ich will noch einiges im Gemeindebüro erledigen. Das gelingt bis 9.30 Uhr am besten. Die letzten Kleidersäcke für die Bethelsammlung werden gebracht, auch die ersten Erntedank-Gaben. Ich fange schon mal an, Lieder für den Konfirmandenunterricht zu kopieren. Danach gehe ich einkaufen und werfe schon mal einen Waschgang Wäsche in die Maschine.

10.00-12.00 Uhr

B. Werth: Fünf-Minuten-Pause! Auf dem Weg zum Lehrerzimmer werde ich von Schüler/-innen, die ich im vergangenen Schuljahr hatte, abgefangen. Sie wollen wieder RU haben. Ob ich da nicht etwas machen könnte? Da ist leider nichts zu machen. Zuerst werden alle neuen Klassen mit RU versorgt. - 4. Stunde: Einzelhandelskaufleute. Thema: Meine Stärken – meine Schwächen. - Zweite große Pause. Hofaufsicht. Der Umgangston ist – selbst in Geilenkirchen – in den letzten Jahren rauer geworden. - 5. Stunde: Bürokaufleute. Thema: Gentechnologie. Wieso hat eigentlich noch niemand in dieser Klasse etwas von der DNA gehört?

Schlammer: Abfahrt zum Pfarrkonvent. Nett, die Kollegen zu sehen. Irgendwie ist mir kalt, und ich fange langsam an zu niesen. So ungefähr die verkehrteste Woche für eine Erkältung. Wir witzeln über das Chaos, denn am Nachmittag soll es um Chaostheorien gehen. Als ob wir nicht bereits genug Chaos hätten!

Cervigne: Wöchentliche Spiel-, Sing- und Erzählrunde im Kindergarten mit dem Pfarrer.

Eberl: Im Gespräch mit Herrn Wackernagel und Frau Buck geht es um Schadensbegrenzung bei der Wohnungshilfe. – Vier Postmappen liegen auf dem Schreibtisch. Einladung KSV schreiben, Pfarrkonvent von Wegberg nach Düren umlegen, zum theologischen Seminar nach Zweifall einladen ... Wie finden wir unsere theologische Kompetenz zurück? Wie können wir weitersagen, was der Grund unserer Hoffnung ist? – Folkhard Werth bespricht mit mir langfristige Stellenplanung im Berufsschulbereich. Mit Herbert Hamann formuliere ich einen veränderten Vertrag zwischen low-tec und Diakonischem Werk...

Aston: Es kommen Jan und Flor aus Winterswijk in der Achterhoek. Sie haben in vier niederländischen Kirchenkreisen die „Grenslandcontacten" ins Leben gerufen. Die beiden möchten eine Tagung durchführen unter dem Titel „Mit Herz und Seele für Europa". Ich kann beraten und ermutigen. Und dann kommen doch wieder alte Empfindlichkeiten zutage und Erinnerungen an die Zeit der Besetzung durch die Deutschen mit schlimmen persönlichen Erlebnissen, aber auch an die Rettung durch einen deutschen Soldaten.

Lyhs: 10.15 Uhr: unerwarteter privater Besuch. 10.45 Uhr: Wegen „ziviloser" Woche hole ich selber für das Gemeindefest Material vom Gemeindedienst für Mission und Ökumene in Krefeld ab.

Hamann: Telefonat mit dem Kreissozialamt, Herr Kummer. Die Modalitäten für die Außensprechstunden der Schuldnerberatung in Hückelhoven werden abgestimmt. Gut, dass hier kurze Wege möglich sind. – Telefonat mit der Schuldnerberatung. Vorbereitung der Eröffnungsfeier. Die Mitarbeiterinnen melden, dass die Beratungsanfragen immens sind, obwohl wir noch nicht an die Öffentlichkeit gegangen sind. - Anruf von Aris Papanikolaou. Er ist ab 1.10. für die Sozialberatung ausländischer Arbeitnehmer zuständig. Wir bereiten das Gespräch mit dem Diakonischen Werk Rheinland vor. Wann kommen eigentlich die Zuschüsse? - Postmappe durchgesehen. Diese Papierflut! - Mit Klaus Eberl den Vertrag mit der low-tec und die Sonderurlaubsvereinbarung für den Mitarbeiter erörtert. Ein Bild: Klaus die Formulierung in den Laptop hämmernd, bereits über die nächste Formulierung sinnend – Lösungsorientierung in Reinkultur. Um 13.30 Uhr ist der Vertrag per Fax unterzeichnet.

Ittmann: Dienstbesprechung aller Referenten beim Superintendenten. Ich bringe das Problem der Konfessionalität des Religionsunterrichts und aktuelle Entwicklungen in den Kirchenkreisen ein.

Bronner: Der Geburtstagsbesuch ist angenehm. Seit sechs Jahren komme ich zweimal im Jahr vorbei. Das Ehepaar ist rüstig und an vielen Themen interessiert. Ich bleibe diesmal nicht lange, weil ich einer schwerkranken Frau versprochen habe, sie im Krankenhaus Erkelenz zu besuchen. Ihr geht es schlecht. Tränen in den Augen, als sie mich sieht. Reden möchte sie nicht. Das Schweigen tut uns beiden gut. Ich fahre nach Hause, bin traurig und will zunächst mal meine Ruhe. Beschließe, erst Saxophon zu spielen und dann den Anrufbeantworter abzuhören.

12.00-15.00 Uhr

Bowien: Mittagspause und Entspannen. Wenn da nicht das Telefon wäre, das immer wieder klingelt: Nachfragen, Kleinigkeiten, immer um diese Zeit.

Schlammer: Wir kehren vom Pfarrkonvent zurück. Wiebke fährt mich bei der Werkstatt vorbei; das Auto ist fertig. Ob demnächst ein neues dran ist? Eigentlich wollte ich damit noch bis nächstes Jahr warten. Na immerhin: ich bin am Nachmittag mobil und kann eine kleine Pause machen. Haushalt und Katzen laufen wie immer nebenbei.

Cervigne: Um 12.00 Uhr Essen mit Familie (von Telefonaten unterbrochen). Ab 14.00 Uhr Vorbereitungen für Erntedank und „Traufgottesdienst" am Wochenende.

Eberl: Telefonzeit. Eine lange Liste mit Namen und Themen. Hindrichs: Einverständnis zum Vertragstext. Wir unterschreiben und tauschen die Faxe aus. Die Beschlüsse der Gremien müssen erst noch eingeholt werden. – Gutheil, LKA: Im Wanderkirchenasyl ist noch kein Silberstreif am Horizont zu erkennen. Die Gespräche sind festgefahren. - Mit Herrn Vogel überlege ich, wie die Einbauschränke in HKR herzustellen sind. Absprachen mit Frau Buck...

Nebel: Von 13.00 bis 15.00 Uhr wird die aktuelle Post erledigt. Ziemlich viel Kram. Wir versuchen das meiste mit Telefonaten zu bezwingen; manches (man darf es nicht zu laut erzählen) erledigt sich auch durch Liegenlassen. Während der Diktate eine Anfrage nach unserer Stellungnahme zu einer Dienstanweisung. Verwirrung. Müsste doch schon längst erledigt sein! Nachschauen, suchen und endlich finden; ist erledigt. Wir haben schon vor Monaten die Kirchengemeinde angeschrieben.

Stenzel: Im Gemeindezentrum Düren-Birkesdorf sind um 14.00 Uhr die Fachseminar-Teilnehmer eingetrudelt, 28 Frauen und Männer im Alter von 28 bis 70 Jahren. Es ist ein ökumenisches Angebot in Zusammenarbeit mit Prof. Kerkhoff. Heute wollen wir uns kennen lernen. Dazu ist ein Spiel vorbereitet. Im zweiten Schritt führt Engelbert in die verschiedenen Lernschritte ein, die jede oder jeder im Leben erfahren hat, ob bewusst oder unbewusst.

Hamann: Ein schnelles Brötchen, ein Kaffee und der wiederkehrende Vorsatz, künftig gesünder zu leben. – Ich rufe bei der AWO wegen der Einladungsliste zur Eröffnung der Schuldnerberatung an. Die Tagesordnung für den Diakonievorstand wird festgelegt. Ich diktiere das Protokoll des Diakonieausschusses vom 30.9. Die Beteiligung war leider gering.

Ittmann: Die Mittagspause ist heute von einem Spaziergang und dem Korrekturlesen einer Veröffentlichung des Rheinischen Verbandes evangelischer Tageseinrichtungen für Kinder bestimmt.

Bronner: Ich spiele länger Saxophon als geplant. Zum Kochen bleibt keine Zeit; also wieder mal Butterbrote. Post für mich privat ist keine da. Ich bin unwirsch, hänge die Wäsche auf, höre den Anrufbeantworter ab und bin froh, dass keine wichtigen Nachrichten drauf sind. Dann ist es schon 13.40 Uhr. Ich werde abgeholt, wir fahren nach Wildenrath zur Teststrecke von Siemens. Irgendwie hatte ich gehofft, wir könnten auch mal die Teststrecke mit dem Zug abfahren. Aber vorgesehen ist das nicht.

15.00-18.00 Uhr

Bowien: Konfirmandenbesuch in Oberbruch. Ich werde schon erwartet. Die Oma kommt dazu. Sie kann sich am besten mit dem Pfarrer unterhalten. Die Tochter und ihre Freundin, beide im KU, erzählen ganz locker. Die Mutter ist schweigsam. Als die Kinder weggehen, wird es ernster. Der Vater hat seine Familie verlassen, Mutter geht arbeiten, die Großmutter erzieht. Man schlägt sich so durch.

B. Werth: Ich gehe ins Lehrerzimmer und treffe zum ersten Mal an diesem Tag mit Ruhe einige meiner Kollegen/-innen. Ich packe meine Thermoskanne aus, um meinen Tee zu trinken. Der Mittwochnachmittag ist recht gemütlich bei uns. Ich darf eigentlich schon nach Hause, wenn da nicht das Taufgespräch wäre – Urlaubsvertretung für einen Kollegen.

Schlammer: Ich fahre zu einem Besuch ins Erkennender Krankenhaus. Ein 17-jähriger Junge hat in der Nachbargemeinde, für die ich vertrete, Selbstmord begangen. Die Mutter liegt bereits seit zwei Wochen im Krankenhaus. Die Schwester hat ihren Bruder gefunden und zusammen mit dem Vater versucht, ihn wiederzubeleben. Alle drei sitzen nun mit mir im Besprechungszimmer. Das Mädchen spricht über die letzten Tage. Ich spüre den Druck, den diese Menschen haben, erfahre ihre Ängste. Und habe das Gefühl: es ist wichtig, dass du da bist, auch wenn du wenig ändern kannst. - Eine halbe Stunde zum Umdenken habe ich, ehe um 17.00 Uhr der Architekt kommt. Die Gemeinde Wegberg plant die Einrichtung eines Kindergartens. Ein Riesenprojekt, das sehr viel Spaß macht – und auch sehr viel Arbeit. Der Architekt macht einen kompetenten Eindruck. Wir werden uns schnell einig.

Eberl: Heimfahrt. Das Haus ist diesmal leer. Normalerweise erwartet mich Irmgard. Es ist ein unverdientes Geschenk, dass sich die Familie sooft auf meinen verrückten Terminplan einstellt. – Traugespräch: ein Paar „traut" sich zum zweiten Mal. Beide haben die Erfahrung des Scheiterns hinter sich. Wir reden darüber, was es heißt, jemanden „aus Gottes Hand" zu nehmen.

Bronner: Der Konfirmandenunterricht beginnt. Die Gruppe ist unmotiviert, und ich bin mittlerweile auch erschöpft und reagiere sauer. Sauer auf mich selbst, weil ich weiß, dass der Unterricht mit 23 KonfirmandInnen nur dann gut wird, wenn ich neben einer guten Vorbereitung auch gute Nerven und einen klaren Kopf habe. Also Pause einplanen, das nächste Mal! Eine Stunde habe ich Zeit. Ich geh' zum Trommeln, Das tut gut, macht den Kopf frei und bringt gute Laune.

18.00-20.00 Uhr

Bowien: Eine russlanddeutsche Mutter mit Tochter und Schwiegersohn in spe kommen in Sprechstunde. Die beiden wollen heiraten. Der Termin steht schon fest (in vier Wochen), der Saal ist gemietet, nur – der Termin wurde mit mir nicht abgesprochen. Beide müssen/wollen auch noch getauft werden. Und überrascht sind sie, dass wir uns vorher noch mal treffen müssen, um über die Taufe zu sprechen ...

Buck: 18.00 Gespräch mit Krombach und Pinhammer wegen Kündigung der Mietekonten. 18.30 Gespräch Cervigne wegen Übernahmemodalitäten der Mietekonten. 18.45 Unterrichtung Meinecke über Sachstand Wohnungshilfe. 19.15 Kirchensteuerverteilung. 19.30 Aufschreiben der Aufzeichnungen für den Sup. 19.30 nach Hause – Hemden bügeln.

Schlammer: Ich habe mir eine Suppe aufgetaut. Sieht aus, als könnte ich sie brauchen. Ich bin im Laufe des Tages zu einer Rotznase geworden. Um 19.30 Uhr fängt der Chor an. Mein Ehrenamt. Das ist Spaß und auch ein Stück Erholung.

Cervigne: 18.00 Uhr Martinsausschuss: technische Planungen mit Lehrern, Erzieherinnen und vielen Ehrenamtlichen. Ab 19.30 Uhr: Ausschuss für ökumenische Diakonie, dessen Vorsitzender ich bin. Weiterplanung der Entschuldungskampagne.

Eberl: Die Selbsthilfegruppe „Multiple Sklerose" hat mich zu einer Ausstellung in Heinsberg eingeladen. Kinder haben Bilder gemalt, wie sie die Krankheit ihrer Eltern erleben. Die prächtigen Farben setzen Zuversicht gegen Resignation. Gespräche am Rande sind wichtig. Ich lade die Mitglieder der Selbsthilfegruppe zum Essen ein (Verfügungsmittel).

Wink: Nach der langen Rückfahrt vom KDA-Ausschuss nach Düren werfe ich einen Blick in die Küche. Da klingelt das Telefon: Eine alte Frau liegt im Sterben, und ich werde von der Tochter ins Krankenhaus gerufen. Also fahre ich durch den Regen nach Birkesdorf. Ich kenne den Schwiegersohn von einer Einladung des Betriebsrates einer Textilfabrik. Trotz der bedrückenden Situation im Krankenzimmer ergibt sich ein gutes Gespräch.

20.00-22.00 Uhr

Nebel: Die Sitzung findet in Heinsberg statt. Die Ausschussmitglieder sind empört, dass das Politikergespräch nicht stattfindet. Sie fühlen sich gekränkt und nicht ernst genommen. Wir werden unser nächstes Gespräch in den Kommunalwahlkampf einbetten. Mal sehen, ob sich das auf den Umgang der Politiker mit den Verbänden auswirkt. Um 22.30 Uhr trinken wir noch einen Kaffee, ... Feierabend, nach Hause.

Aston: Im Fernsehen sehe ich den Film „Das Urteil". Ein alter Jude, der Auschwitz überlebt hat und ein verkappter Journalist führen ein faszinierendes Gespräch um Vergeltung und Wahrheit. Schon wieder Auschwitz, denke ich. Damit hatte es am Morgen doch schon begonnen. Liegt es an meiner selektiven Wahrnehmung?

Stenzel: Ich fahre nach Hause. Heute Abend ist frei. Moritz, Felix und Jenny werden mir gleich wieder auf den Füßen stehen. Dies bedeutet noch einen Abendspaziergang durch's Feld. Die Nachrichten will ich heute noch sehen, dann reicht es mir. Die Dunkelheit hat mich eingeholt, aber auch ein Stück Müdigkeit.

Eberl: Dieter Schmitten hat seine Thesen für unsere Disputation im Pfarrkonvent zum Thema „Lüdemann – Auferstehungsdebatte" geschickt. Ich arbeite dazu an 1. Korinther 15. – Die Akte Wanderkirchenasyl wächst unaufhaltsam. Ich möchte gern einen Aufsatz über Manes Sperbers Roman „Wie eine Träne im Ozean" schreiben. Ein Schlüsseltext für deprimierende Erfahrungen auf Grund von Ideologisierungen. Woher die Zeit nehmen?

Eberius: Einkaufen für den Abend, nein für das ganze Wochenende! Die Gäste wollen sich vor dem Essen ausruhen. Ich bin auch müde. Am besten: eine Stunde Schwimmen mit meinem Mann, Gedankenaustausch über den Tag.

Hamann: Der Arbeitskreis endet um 18.30 Uhr. Gut, dass es einen solchen Austausch gibt, bei aller Konkurrenz der Wohlfahrtsverbände. Wenn ich mich beeile schaffe ich es noch, meine Kinder vor dem Schlafen zu sehen. Um 19.30 Uhr bin ich zu Hause, kämpfe mich durch ein Meer vom Bauklötzen in das Wohnzimmer. Meine Tochter juchzt: „Hallo, Papa!". Oben höre ich meine Frau das Schlaflied für die Zwillinge singen: „Schlaf, Kindchen, schlaf, dein Vater hüt' die Schaf, deine Mutter schüttelt's Bäumelein, herab da fällt ein Träumelein." - Ich hab' noch viele Träume ...

ab 22.00 Uhr

Schlammer: Die letzte Zigarette auf dem Balkon. Zeit, einen Moment zu überlegen, was am Tag los war. Den Predigttext anzudenken für die Beerdigung: „In der Welt habt ihr Angst ..." Die nächsten Schritte für den Kindergarten zu überdenken. Den Kater zu streicheln. Mir etwas mit meinem Auto zu überlegen. Abstand zu gewinnen.

Cervigne: Abendlicher Spaziergang mit dem Hund. Abendessen mit den Kindern fällt leider aus; eine Ausnahme; wenn es geht, sind Essenszeiten „heilige" Zeiten. Nach den Tagesthemen: Bibellese, Gespräch mit Judith, Tagebucheintrag. Um Mitternacht ins Bett. Wie immer: tiefer Schlaf. Aber zuerst müssen die Kinder von unserem in ihre Betten gebracht werden – und nachts kommen sie wieder.

Eberl: Nach den Nachrichten Gespräch mit Jan-Rudolf über Studienmöglichkeiten. Was soll man raten in diesen Zeiten? – Dann die Nacht ...

Bronner: Um 22.15 h bin ich wieder zu Hause, mache mir erst einmal einen Tee und fange an zu telefonieren – privat.

Ein Tag im Leben des Kirchenkreises, bunt und vielfältig. Ich habe nur kleine Mosaiksteine aufgelesen, die erst zu einem Bild zusammengesetzt werden müssen. Wahrscheinlich ist dies eine wesentliche Leitungsaufgabe der Synode: Im Gewirr der Tage, Geschehnisse und Aufgaben den roten Faden zu finden und ihn an den richtigen Stellen weiterzuknüpfen.

Nach einem anstrengenden Tag werden oft erst nachts die Mosaiksteine zu einem Bild zusammengefügt. Dann werden Strukturen und Themen erkennbar. Manchmal sind es schlaflose Nächte, manchmal markieren Träume die Längsschnitte.

KIRCHE AN DER JAHRTAUSENDWENDE
(Kreissynode in Geilenkirchen, 30.10.1999)

Hoffende Kirche

Das Hilfehandeln der Kirche ist darauf ausgerichtet, Hoffnungsperspektiven für die Menschen und die Schöpfung zu beschreiben. Darum mischt sie sich ein in den gesellschaftlichen Diskurs. Sie ist an der Weiterentwicklung der Demokratie interessiert. Gegen alle dunklen Ahnungen vom Ende der Politik[1] an der Zeitenwende setzt sie auf die Gestaltungskraft des Evangeliums, ohne zu moralisieren oder gesetzlich zu werden. „Wie Jesus Christus Gottes Zuspruch der Vergebung aller unserer Sünden ist, so und mit gleichem Ernst ist er auch Gottes kräftiger Anspruch auf unser ganzes Leben; durch ihn widerfährt uns frohe Befreiung aus den gottlosen Bindungen dieser Welt zu freiem, dankbarem Dienst an seinen Geschöpfen." (Barmen II).

Diakonie entwickelt Hoffnung, indem sie konkrete Hilfe anbietet... Die Situation der kurdischen Flüchtlinge im Kirchenasyl ist weiterhin bedrückend. Der Streit über die Grundsatzfragen hat ebenso zermürbt wie Erfolglosigkeit des Engagements. Dabei besteht kirchlicherseits – und zwar auf allen Ebenen - großer Konsens in der Bewertung der Lage: das Versagen des sog. Asylkompromisses ist unübersehbar. Das in Schengen vereinte Europa hat sein humanitäres Gewissen – vom christlichen ganz zu schweigen – an der Garderobe abgegeben. Eine Asyl- und Einwanderungspolitik, die den weltweiten Armuts-, Flüchtlings- und Menschenrechtsproblemen gerecht wird, ist nicht in Sicht. Wie sollen wir darauf reagieren? Nun beginnen die unterschiedlichen Einschätzungen. Nachdem die Kampagne „Kein Mensch ist illegal" sich Kirchengemeinden als Bündnispartner für das Wanderkirchenasyl gesucht hatte, stand der politische Kampf um eine Gruppenlösung für alle Kurden, später für alle Kurden im Wanderkirchenasyl im Vordergrund. Diese Entwicklung wurde von der Kirchenleitung, aber auch von Befürwortern des Kirchenasyl-Konzeptes, wie es von der Landessynode beschlossen worden ist, skeptisch beurteilt. Kritikpunkte waren die Fremdbestimmung, die Mißachtung presbyterial-synodaler Entscheidungswege, die Ideolo-

---

[1] Vgl. Erhard Eppler: Die Wiederkehr der Politik, Frankfurt/M. 1998

gisierung, die Vermischung von politischer und humanitärer Aktion. Umgekehrt wurde der Kirchenleitung und insbesondere dem Landeskirchenamt vorgeworfen, sie zeigten sich nicht solidarisch mit der „Basis", seien gar Handlanger der Landesregierung. Wo mit hohem Engagement gearbeitet wird, ist die Verletzlichkeit groß – auf beiden Seiten. Schnell taten sich Gräben des Misstrauens auf, die später nur schwer übersprungen werden konnten. Kirchliche Bindung stand gegen politische Bündnisse, Einzelfall gegen Gruppe, Realismus gegen Hoffnung u.s.w. Inzwischen ist das Scheitern aller Konzepte offenkundig. Die politischen Aktionen verhallen im Raum, die Einzelfallprüfungen brachten nur minimalen Erfolg. Die einzige Chance für einen Teil der Flüchtlinge, doch noch einen legalen Status zu erreichen, ist eine Altfallregelung der Innenministerkonferenz. – Düren hat im Rahmen des Wanderkirchenasyls, das vor kurzem den Aachener Friedenspreis verliehen bekommen hat, kurdische Flüchtlinge übernommen. Wassenberg hat versucht, bei der Aufnahme der Flüchtlinge die Kriterien des Landessynodenbeschlusses umzusetzen.

So sehen die Fakten aus der Distanz aus, - ganz anders aber aus der Nähe. Seit mehr als einem halben Jahr wohne ich mit vier bzw. sieben kurdischen Flüchtlingen unter einem Dach. Sie haben Namen und Gesichter. Hüseyin (47 Jahre), Emine (45), Nevin (22), Ismet (20), Ahmet (19), Fatima (14), Sumeya (8). Ihre Geschichte kenne ich genau, auch ihre Angst und ihre Leiden. Sumeya macht Schularbeiten an unserem Küchentisch, meine Frau übt mit ihr Rechnen. Sie waschen in unserer Waschmaschine. Manchmal kochen sie für uns oder bringen den verwilderten Garten in Ordnung. Oft trinken wir Tee miteinander. Jeden Tag Anrufe bei Rechtsanwälten, Ausländerbehörden, Ministerien, Flüchtlingsorganisationen. Jeden Tag wird diskutiert: Was wird aus uns? – Sieben Leute auf engem Raum, Ein-Zimmer-Apartment. Die jungen Leute halten es schon lange nicht mehr aus in der beengten Atmosphäre. Sie vergeuden ihre besten Jahre und sehnen ich nach Normalität. Ich entschließe mich, den Sohn mit in die Ferien nach Holland zu nehmen. Das gemeinsame Dach macht blind für Gefahr, verzehrt die professionelle Distanz. Ich bin noch nie in eine Verkehrskontrolle gekommen - aber diesmal. Die Beamten lassen nicht mit sich reden. Wir werden festgenommen. Ich werde nach einigen Stunden auf freien Fuß gesetzt, er sitzt nun schon seit vier Wochen im Fremdengefängnis Tilburg und befürchtet mit der Auslieferung nach Deutschland die Abschiebung in die Türkei. – Jeden Tag wird diskutiert: Was wird aus uns? Gibt es noch eine Chance der Abschiebehaft zu entgehen? Ist dieser Schwebezustand, in dem man sich weder frei bewegen noch arbeiten kann, noch zu ertragen, wenn es keine Hoffnung auf Asyl gibt? Was erwartet uns bei einer freiwilligen Rückkehr in die Türkei? Soll die Familie eine Trennung in Kauf nehmen? Gibt es Hoffnung – oder ist Hoffnung Flucht vor der Wahrheit, schlimmer noch: Betrug? – Wir wohnen unter einem Dach, ich fühle mich schuldig, telefoniere die Ohren heiß und weiß mehr Fragen als Antworten.

WAS IST DER MENSCH? (PSALM 8)
(Kreissynode in Ratheim 17.11.2001)

„Wenn ich sehe die Himmel, deiner Finger Werk, den Mond und die Sterne, die du bereitet hast: was ist der Mensch, dass du seiner gedenkst, und des Menschen Kind, dass du dich seiner annimmst?" (Psalm 8,4f) Wer sind wir? Woher kommen wir? Wohin gehen wir? Was wird aus uns? Als Menschengeschlecht? Als Christen? Als Deutsche? Als Protestanten im Jülicher Kirchenkreis? Als Gemeinden? So viele Fragen . So wenig Antworten.

Im 8. Psalm wird menschliche Existenz beschrieben in den Koordinaten des Glaubens. Angesichts der Herrlichkeit Gottes und des Wunders seiner Schöpfung kann niemand den Wert seines Lebens aus sich selbst heraus ableiten. Haben uns ziemlich unfähig erwiesen, Verantwortung zu tragen für die Welt, für die Kirche. Die Krone ist schwer geworden. Hat Kopfschmerzen verursacht. Zacken sind heraus gebrochen. Kinder haben es leichter. Ihr Plappern reicht aus als Antwort aufs Evangelium…

Menschen - am Anfang des Lebens.

Die Überschrift ist schon These. Es geht um Menschen, nicht um Zellklumpen, nicht um Material. Am Anfang und am Ende des Lebens stellt sich gegenwärtig neu die Frage nach seinem Wert und seiner Würde. Im Grundgesetz erscheint die Menschenwürde als Leitmotiv. Der Begriff füllt sich mit den Erfahrungen einer Jahrhunderte langen Entfaltung des Begriffes der Gottebenbildlichkeit (Gen 1,27) Der Wert eines Menschen ist über jeden Preis erhaben. Er verdankt sich nicht selbst, seiner Leistungsfähigkeit, seinen intellektuellen Fähigkeiten, ist Gottes Geschenk. Bundespräsident Johannes Rau hat sich in seiner Berliner Rede für einen „Fortschritt nach menschlichem Maß" ausgesprochen: Forschung ja, aber ohne die menschliche Würde anzutasten. Wenn wir so tun, als seien unsere Möglichkeiten grenzenlos, überfordern wir uns. Bei allem Fortschritt bleiben wir endliche Wesen, fehlerhaft, schuldbeladen. Fortschritt um jeden Preis verliert den Respekt vor dem Leben.

Am 6.9. hatte ich in Düren Gelegenheit, bei einer Podiumsdiskussion zum Thema „Der perfekte Mensch - Chancen und Risiken der Biomedizin" mit Thomas Rachel, Prof. Pröpping und Dr. Hoppe von der Bundesärztekammer meine ethischen Überlegungen vorzutragen... Hoffnungen und Ängste spielen bei der Einschätzung der Lebenswissenschaften eine ganz große Rolle: Heilung von schweren Krankheiten wie z.B. Diabetes, Krebs, MS, Parkinson, Alzheimer wird erwartet. Auf der anderen Seite steht die Angst vor Ökonomisierung des Lebens, vor Eugenik, Euthanasie, Selektion. Oft geht der Riss durch ein Presbyterium, wenn z.B. ein an MS Erkrankter neben der Mutter eines schwerstbehinderten Kindes nach einer evangelischen Position sucht. Oft geht der Riss durch die eigene Person.

Wir können hier nur einige Fragen anreißen: Wann beginnt das Leben? Die Entwicklung der Naturwissenschaften und die Entdeckung der weiblichen Eizelle im 19.Jh. haben zu einer Verschärfung ethischer Normen geführt, weil nun die Verschmelzung von Ei- und Samenzelle als Beginn des Lebens erkannt wurde. Dies hat Eingang gefunden ins Embryonenschutzgesetz. Die angelsächsische Rechtsprechung geht allerdings von einem unbedingten Schutz erst ab der Einnistung in die Gebärmutter aus (ca. 14.Tag), weil dann keine Zwillingsbildung mehr möglich ist (Individualitätskriterium). Andere legen als entscheidenden Zeitpunkt die Gehirnbildung fest (ca. 5.Woche), oder auch erst den Geburtstermin (z.B. Japan, Judentum).

Wenn man den Personbegriff an empirisch aufweisbaren Fähigkeiten festmacht, kann man leicht folgern, dass es auch lebensunwertes

Dasein gibt.[1] Dadurch könnte z.B. Menschen mit einer Behinderung das Lebensrecht abgesprochen werden. Wir haben in Deutschland die schrecklichen Folgen dieser „Euthanasie-Mentalität" noch nicht vergessen. Deshalb verteidigt evangelische Verantwortungsethik die Schutzwürdigkeit der Embryonen von Anfang an...

Besonders problematisch erscheint mir die Einführung der Präimplantationsdiagnostik (PID). Kann es wirklich so etwas wie ein „Recht auf ein gesundes Kind" geben? Bei der PID werden Krankheitsanlagen in der ersten Entwicklungsphase einer In-vitro-Fertilisation (Befruchtung im Reagenzglas) untersucht und nur gesunde Embryos eingepflanzt. Die anderen sterben ab. Mit einer „Schwangerschaft auf Probe" wird behindertes Leben abgewertet. Das hat unabsehbare Folgen für das Selbstbewusstsein von Menschen mit einer Behinderung und provoziert Rechtfertigungszwänge für ihre Eltern. Allerdings ist der durch den § 218 legalisierte Schwangerschaftsabbruch von behinderten Embryos bis zum Geburtstermin (medizinische Indikation) ebenfalls ein Skandal. Hier muss die Rechtsprechung verändert werden.

Die Forschung an embryonalen Stammzellen weckt bei vielen Menschen mit bisher unheilbaren Krankheiten neue Hoffnungen. Zur Zeit ist noch nicht klar, ob reprogrammierte adulte Stammzellen die gleichen Fähigkeiten haben wie embryonale Stammzellen. Gleichfalls ungeklärt ist die Möglichkeit, aus Nabelschnurblut oder toten Feten Stammzellen zu gewinnen. Der Wunsch nach einer Weiterentwicklung der Medizin steht auch hier im Gegensatz zum Interesse des Embryonenschutzes und der Verhinderung von „Menschenzüchtungen".

Was gut für den Menschen ist, scheint zur Zeit kaum beantwortbar. Wird sich die Euphorie der Biowissenschaften legen, wenn ihre Folgen deutlicher werden? Gibt es nicht diesseits des „Rubikon" noch genug Notwendigkeiten, medizinische Forschung voranzutreiben (z.B. Aids) und für eine Grundversorgung der Menschen auf der ganzen Erde einzutreten?

---

[1] Vgl. Peter Sloterdijk: Regeln für den Menschenpark. Ein Antwortschreiben zum Brief über den Humanismus, Frankfurt 1999 sowie: Peter Singer: Praktische Ethik, Stuttgart 1994

Insgesamt dürfen wir wohl gelassener mit Krankheiten und Behinderungen umgehen, weil das Defizitäre immer ein Teil unserer Persönlichkeit ist. Das Hochglanzbild vom jungen, gesunden, intelligenten, erfolgreichen Menschen passt nicht zum „krummen Holz mit aufrechtem Gang". Jedenfalls steht das Motto „Hauptsache gesund" nicht in der Bibel.

Menschen - am Ende des Lebens

Das Durchschnittsalter unserer Gesellschaft steigt. Dementsprechend sind neue Anforderungen in der Seniorenarbeit auf unsere Gemeinden zugekommen. Das betrifft nicht nur die alltägliche Arbeit der Seelsorge und Hausbesuche, sondern auch ein beachtliches Spektrum der Veranstaltungen... Besondere Beachtung verdient die Hospizarbeit. Neben stationären Hospizen wie hat sich eine Hospizbewegung entwickelt, die Angehörige und ehrenamtliche Helfer schult. Es geht darum, Menschen in ihrem Sterben würdig zu begleiten...

Das Thema „Sterbehilfe" lässt keinen kalt. Viele erleben, wie Angehörige und Freunde in ihrer letzten Lebensphase leiden müssen. Keiner weiß, ob er einmal stirbt wie ein Baum, den man fällt oder elend dahinsiechen muss, ob er in der Lage ist, seine Angelegenheiten selbstverantwortlich zu regeln oder auf Entscheidungen anderer angewiesen ist. Ist es Ausdruck von Freiheit, wenn Menschen ihr Leben mit Hilfe eines Arztes beenden können oder führt die Legalisierung der Sterbehilfe dazu, dass der Druck auf sterbende, alte und behinderte Menschen zunimmt, aus dem Leben zu scheiden, um die Gesellschaft zu entlasten?

Bisher unterscheiden wir unterschiedliche Formen der Sterbehilfe. Bei der „reinen Sterbehilfe" geht es um Schmerzlinderung, Basisversorgung (Körperpflege, Atemversorgung, Stillen von Durst und Hunger) und menschlicher Zuwendung. Die „indirekte Sterbehilfe" nimmt zusätzlich in Kauf, dass in der letzten Lebensphase schwere Schmerzen durch hohe Medikamentierung (z.B. Morphine) gelindert werden, auch wenn dadurch die Lebenszeit verkürzt wird. Bei der „passiven Sterbehilfe" wird auf lebensverlängernde Maßnahmen verzichtet, weil das schwere Leiden irreversibel ist. Grundlage ist der freie Wille und das Selbstbestimmungsrecht des Patienten. Dabei spielen Patientenverfügungen eine wichtige Rolle. Die Verlängerung des Lebens soll nicht in die Verlängerung der Qualen umschlagen. Diese Formen werden in Deutschland praktiziert und von der Kirche begrüßt.

Anders sieht es bei der „aktiven Sterbehilfe" aus. Vor kurzem wurde in den Niederlanden das weltweit erste Gesetz dazu verabschiedet. Es eröffnet die Möglichkeit der aktiven Tötung durch einen Arzt bei Einhaltung bestimmter Sorgfaltskriterien: Freiwilligkeit und reifliche Überlegung des Patienten, Patient muss über Zustand und Prognose informiert sein, Aussichtslosigkeit, unerträgliches Leiden, fachgerechte Ausführung, schriftliches Zweitgutachten eines anderen Arztes. Die Fragen, die diese neue Rechtslage eröffnet, liegen auf der Hand: Ist Leben nicht in jedem Fall schutzwürdig, auch bei schwer behinderten Säuglingen oder Dementen? Ist der Autonomiebegriff, den dieses Gesetz voraussetzt nicht künstlich? Wird unter dieser Praxis nicht das ärztliche Selbstverständnis, der hippokratische Eid, in sein Gegenteil verkehrt?

Ich lehne die Legalisierung der aktiven Sterbehilfe ab. Statt dessen ist die Hospizarbeit in Verbindung mit der Schmerztherapie für Todkranke (Palliativmedizin) weiterzuentwickeln. Manfred Kock, der Rheinische Präses und EKD-Ratsvorsitzende, fordert mit Recht: „Das vorsätzliche Tötungsverhalten muss verboten bleiben, damit deutlich bleibt: Leben ist grundsätzlich heilig." - Die Ohnmacht aushalten, Einsamkeit durch Gemeinschaft überwinden, Geborgenheit in Gott und seiner Auferstehungshoffnung finden - darum geht es. Hier finden wir weit reichende Aufgaben für unsere Gemeinden, denen die weitgehend unter das Diktat der Krankenkassenrefinanzierung geratenen Diakoniestationen nicht allein nachkommen können.

Man kann kaum übersehen, dass diese Veränderungen einhergehen mit einer tief greifenden Wandlung unserer Beziehung zu Sterben und Tod. Nicht umsonst hat sich der Pfarrkonvent mit der Veränderung unserer Friedhofskultur beschäftigt: Zunahme der Feuerbestattungen, der anonymen Grabstätten, Urnenbeerdigung im Garten, Verzicht auf das Herablassen des Sarges. Selbst das Sterben hat sich verändert, seitdem meistens im Krankenhaus gestorben wird und nur wenige die Möglichkeit in Anspruch nehmen, den verstorbenen Angehörigen in der Wohnung aufzubahren und mit einer kirchlichen

Aussegnung von ihm Abschied zu nehmen. Dadurch gehen uns wesentliche Lebens(!)erfahrungen verloren (vgl. Ps 90,12)...

Homo homini lupus

Da werden die Wölfe bei den Lämmern wohnen ... (Jes 11,6) Die Messianische Friedenshoffnung steht in rauem Gegensatz zu einer Welt, die ihre Gewaltbereitschaft in immer neuen Formen präsentiert. Dabei gab es erste Anzeichen, dass der Prophet Recht behält. Nach dem Fall der Mauer deutete sich allerorten Entspannung an. „Wahnsinn", hatten die beharrlichen Montagsdemonstranten gemurmelt, als sie die Grenze überschritten, die niedergeträumt war. Jahrzehnte der Konfrontation waren beendet. Man konnte das Geld für wichtigere Dinge ausgeben als für Waffen: für die Entwicklung der so genannten Dritten Welt, umweltschonende Energien, Bekämpfung von Krankheiten, ein geeintes Europa, eine geeinte Welt.

Spätestens am 11. September sind wir aus den Träumen erwacht. Gewiss, schon vorher hatte es auf dem Balkan, in Ruanda, Nordirland und anderen Orten gewaltsame, kriegerische Auseinandersetzungen gegeben. Aber kein anderes Ereignis hat seinen Schrecken so tief in unsere Herzen gezeichnet. Mit den Terroranschlägen von New York und Washington ist ein neues tragisches Kapitel der Gewalt geöffnet worden. Die Wunde, die geschlagen wurde, wird nicht so schnell heilen. Auch bei uns, weit weg von den USA, haben viele ihrem Mitgefühl Ausdruck verliehen. Schüler zündeten Kerzen an, andere legten Blumen nieder. Tränen wurden geweint. Hilflos und betroffen haben wir Gottesdienste gefeiert, ich selbst in Geilenkirchen, wo wegen der NATO-Air-Base viele amerikanische Bürger wohnen, gemeinsam mit Bischof Mussinghoff und Regionaldekan Meis. Seitdem finden auch wieder in vielen Gemeinden Friedensgebete statt. Unsere Ohnmacht ist bei Gott geborgen...

Christliche Friedensethik wird sich auch in Zeiten der Krise am Leitbegriff des „gerechten Friedens" orientieren. Dazu passt nicht der Einsatz von Streubomben in Afghanistan. Menschen, die unschuldig geopfert werden, sind Gottes geliebte Kinder, „wenig niedriger gemacht als Gott" (Ps 8,6), nicht „Kollateralschäden". Die Anwendung militärischer Gewalt kann nur als „ultima ratio", allerletzte Möglichkeit, erfolgen, nachdem zuvor alle anderen Möglichkeiten ausgeschöpft sind. Gewaltlosigkeit ist die dem Christen vorrangig zu Gebote stehende Handlungsmaxime. Ist wirklich alles versucht worden, um Bin Laden und seine verbrecherischen Mitstreiter unschädlich zu machen, ohne die Verluste in der ohnehin geschundenen und hungernden Bevölkerung in Kauf zu nehmen? Wahrscheinlich muss die Völkergemeinschaft neu darüber nachdenken, wie man im Bereich „erweiterter Polizeieinsätze" wirksam gegen den Terrorismus vorgehen kann. Dazu ist auch die Gründung einer internationalen Polizeistreitmacht unter UNO-Mandat zu erwägen, der die Aufgabe übertragen wird, für die Weltgemeinschaft „unter Androhung und Ausübung von Gewalt für Recht und Frieden zu sorgen." Ebenso brauchen wir einen Ständigen Internationalen Strafgerichtshof, der internationale Verbrechen ahndet. Bedauerlicherweise verschließen sich gerade die Vereinigten Staaten diesem Instrumentarium.

Recht und Frieden - können wir den alten Traum von den Wölfen, die bei den Lämmern wohnen, ohne sie zu zerfleischen, neu träumen? Alle heilsame Veränderung kommt aus dem Gebet und aus dem Hören auf Gottes Wort. Erasmus von Rotterdam hat in einer „Klage des Friedens" (1517) ihm selbst Stimme verliehen: „Wenn mich unschuldig zu verjagen für die Sterblichen günstig wäre, würde ich nur beklagen, dass mir Härte und Unrecht zuteil wird. Nun aber verstopfen sie mit meiner Vertreibung sich selbst die Quelle alles menschlichen Glücks und verschaffen sich eine Flut von Unheil. Da muss ich über das Unglück jener mehr Tränen vergießen als über meinen Schaden." Nicht der Krieg, sondern der Friede sei der Ernstfall, hat Gustav Heinemann einmal gesagt. Wie können wir in unseren Gemeinden Schritte auf dem Weg des Friedens vorbereiten? Weltweite Gerechtigkeit entwickeln, Dialog der Religionen und Kulturen fördern, Versöhnung stiften, Friedensdienste ausbauen. Man wird dadurch nicht Terroristen überzeugen, wohl aber sie vom Zustrom der Verarmten Entrechteten und Verzweifelten abschneiden. Darin liegt mehr Verheißung als im Einsatz der Waffen.

Auch Pfarrer und Pfarrerinnen sind Menschen

Gewiss, wir haben über das Pfarrbild vor einigen Jahren schon ausführlich diskutiert. Ein schwieriger Beruf. Ein wunderbarer Beruf. Gelehrte, Priester, Propheten, Verwaltungsbeamte, Künstler, Sozialarbeiter, Manager ...- alles nebeneinander und zugleich, und darüber hinaus meist noch Geliebte, Ehepartner, Eltern. [1] Es gab Zeiten, so sagt man, da wurden Pfarrer - damals waren es nur Männer - von ihren Gemeinden getragen. Heute haben viele das Gefühl, auf ihren Schultern die Gemeinde, die Kirche zu tragen - und diese Last ist schwer, manchmal unerträglich. Natürlich: Wir wissen - theologisch - dass dies nicht geht und auch nicht nötig ist. Gott spricht und wir hören. Gott gibt die Kraft und wir tun nur das Selbstverständliche. In vielen Dienstanweisungen steht, dass die dem Evangelium gemäße Menschlichkeit nicht verloren gehen soll. Und überhaupt: Da sind die Ehrenamtlichen, die Mitarbeitenden, die ...

Die Anforderungen sind gestiegen. Das ist mir erneut deutlich geworden im Zusammenhang mit der Einrichtung der Notfallseelsorge. Die Synode hat diesen Dienst als gemeinsames Arbeitsfeld beschrieben und an Kriterien gebunden, die nun erfüllt sind. Wir haben die Aufgabe, Menschen in der Krise nahe zu sein, ihnen in Wort und Tat das Evangelium nahe zu bringen. Selbstmord, Plötzlicher Kindstod, vergeblicher Einsatz der Rettungsärzte, Überbringung von Todesnachrichten, damit wollten wir erste Erfahrungen sammeln, uns durch Schulungen vorbereiten. Das Projekt läuft schleppend an. Besonders im Kreis Düren sind wir noch nicht weit vorangekommen. Im Kreis Heinsberg besteht inzwischen ein Vertrag mit der katholischen Seite, die Arbeit hat begonnen, aber auch hier gibt es noch Sand im Getriebe. Ich habe immer betont, dass die Realisierung nur dann möglich ist, wenn sich alle Pfarrerinnen und Pfarrer nach ihren Fähigkeiten einbringen. Mir ist klar, dass es dafür keine Freiräume gibt. Um so mehr bedarf dieser Dienst einer Umstrukturierung der Gemeindearbeit. Dennoch überwiegen die Chancen. Die Möglichkeit, Menschen in schwierigen Situationen beizustehen, wird auch unserer Arbeit, die vielfach von einer kirchlichen Binnenkultur geprägt ist, neue Impulse geben. Es ist geplant, nach einem Jahr die Erfahrungen und Belastungen sorgfältig auszuwerten.

Weil die Rolle des Pfarrberufes schwieriger geworden ist, spielen Nebensächlichkeiten eine größere Rolle, als ihnen zusteht. Die Initiative der Landessynode, Pfarrstellen nur noch befristet zu besetzen, hat nicht dazu beigetragen, eine „Kultur des Wechsels" zu fördern.

---

[1] Für mich zu diesem Thema immer noch unübertroffen: Manfred Josuttis: Der Pfarrer ist anders, München 1982

Vielmehr ist die Angst gewachsen, Opfer von „Qualitätsstandards" zu werden, die andere setzen. Die Beschreibung von unter uns verbindlichen Professionalitätskriterien steht ja noch aus. Welchen neuen Aufgaben sollen wir uns in Zukunft stellen? Welche traditionellen Aufgaben müssen wir künftig lassen? Dazu brauchen wir Beratung und Unterstützung der Presbyterien. Kann die Erreichbarkeit im Pfarrdienst verbessert werden? Die Zeiten, in denen die Pfarrfrau den Libero im Pfarrhaus spielte sind vorbei. Soll man doch einmal einen Anrufbeantworter anschaffen? Oder vielleicht per ISDN eine Rufumleitung auf's Handy ermöglichen? Wie schon gesagt: Diesseits des Rubikon ist noch vieles erschwinglich...

BILDUNG ALS VERWANDELTWERDEN IN DAS BILD CHRISTI
(Kreissynode in Jülich, 16.11.2002)

Bildung ist das zentrale Thema der Zukunft, nicht erst seit PISA, sondern seit Jahrhunderten in unserer Kirche. Auf dieser Synode werden wir uns ausführlich mit dem Projekt „Bildungshaus" beschäftigen. Mein Bericht soll für unser Gespräch Grundlagen bieten und die Ereignisse des vergangenen Jahres unter diesem Blickwinkel deuten.

Bilder vom Menschen

Das deutsche Wort „Bildung" hat seinen Ursprung in der alttestamentlichen Rede vom Menschen als Gottes Ebenbild (Gen 1,26f). Paulus verwendet die Bild-Metapher christologisch, wenn er davon spricht, dass sich die Freiheit eines Christenmenschen entfaltet, indem wir „in dasselbe Bild (Christi) verwandelt werden von Herrlichkeit zu Herrlichkeit." (2Kor 3,18). Es geht also zentral um die Frage, welches Bild vom Menschen wir haben. Geht es wirklich um diese Frage?

Man könnte es sich leicht machen und diese Frage verneinen. Gründe dafür gäbe es viele. Gegenwärtig scheinen eher ökonomische Fragen im Vordergrund zu stehen. Die Menschen sind offenbar so mit sich selbst und dem Überleben in Zeiten der Globalisierung und des Kampfes jeder gegen jeden beschäftigt, dass für derartige Überlegungen kein Platz zu sein scheint. Die Kirchen haben mit großem Relevanzverlust zu kämpfen, Religion wird gar als Ursache von Fundamentalismus und Terrorismus ausgemacht. Auf staatlicher Seite wird der Religionsunterricht und der Körperschaftsstatus der Kirchen in Frage gestellt. Die kirchliche Bindung nimmt ab, auch wenn wir in einem eher ländlichen Kirchenkreis nur die Ausläufer dieser Bewegung spüren. Aber das ist nur eine Seite der Medaille. Auf der anderen Seite ist eine große Sehnsucht nach Sinnstiftung zu erkennen. Die Bereitschaft sich selbstlos für andere zu engagieren hat bei der Flutkatastrophe an der Elbe viele überrascht. Es dämmert die Erkenntnis, dass menschliches Leben nicht würdevoll gelingen kann, wenn ausschließlich Kategorien der Macht- und Gewinnmaximierung oder des Spaßes die Oberhand gewinnen. Nur finden diese Menschen oft keine Hilfe in einer geformten traditionellen kirchlichen Sprache...

Was ist der Mensch in evangelischer Perspektive? Er ist ein gerechtfertigter Sünder... Einer, der auf die Liebe Gottes und auf seine Gnade angewiesen ist... Für Leistungsbilanzen bleibt kein Platz. Auch nicht für fromme Fluchten. Im europäischen Haus hat der Protestantismus die Aufgabe, diese Rechtfertigungsbotschaft - verbunden mit dem Erbe der Aufklärung - als Ferment einzubringen, um den Primat der Ökonomie zu überwinden und Menschen für das „Bild Christi" zu öffnen, weg vom Ego und hin zum Nächsten, dem von Gott bedingungslos geliebten Gegenüber...

Bildung in evangelischer Verantwortung

Der Bildungsbegriff erfährt zur Zeit gegenüber anderen pädagogischen Grundbegriffen wie Lernen, Erziehung und Sozialisation eine Renaissance. Bildung geschieht in kirchlicher Verantwortung als „Praxis der Freiheit" (P. Freire) in der Kommunikation des Evangeliums (E. Lange). Die Mystik (Meister Eckart) aufnehmend betont deshalb schon Melanchthon, wir müssten „auf Menschlichkeit hin erst gebildet werden." „Wie aber Felder, die man nicht bestellt und besät, keine Frucht oder nur Unkraut hervorbringen, so erschlaffen die geistigen Kräfte - werden sie nicht durch Lernen angeregt und geschärft."[1] Die Reformatoren insistierten auf eine breite Allgemein-

---

[1] Philipp Melanchthon: Glaube und Bildung. Hg. G.R. Schmidt, Stuttgart 1989, 45

bildung, um die Heilige Schrift, den „höchsten Schatz auf Erden", auslegen und die Welt, in der wir leben, verstehen und verantwortlich gestalten zu können.

Im Zentrum der Bildung steht der Mensch in seiner Beziehung auf Gott, auf sich selbst, auf die Mitmenschen, Welt und Gesellschaft. Bildung ist darum mehr als die Verarbeitung von Informationen, mehr als in Rateshows abrufbares Wissen. Es geht immer um die Menschwerdung des Menschen, um die Entwicklung eines Vertrauens ins Dasein in einer Landschaft der Entsolidarisierung und der Angst... Wir bleiben darauf angewiesen, dass Gott das Stückwerk gebliebene eigene Leben in Christus gnädig annimmt und erneuert. Wenn man die heutige Bildungssituation in unserer Gesellschaft von dieser Leitlinie her beleuchtet, fallen folgende Probleme auf: Verengung auf den Wissensaspekt, einseitige Ausrichtung auf die Vernützlichung der Bildung, ... wenig Schärfung des Gewissens und der Sozialkompetenz.[1] Aber Menschen fragen ... nach dem Sinn eines Lebens, das vom Chaos bedroht wird, also nach typisch religiösen Kategorien. Die Grundfragen nach dem Woher und Wohin, nach dem Zusammenhalt der Menschen in Solidarität und sozialer Gerechtigkeit, dem Leben zwischen den Generationen, dem Erhalt von Frieden und dem Umgang mit der Schöpfung sind für uns in der spannungsvollen Auseinandersetzung mit der Verheißung des Glaubens zu beantworten.

Das Projekt „Bildungshaus" versucht im Kirchenkreis Jülich ganzheitliche Bildung (mit Herz, Mund und Händen) und lebensgeschichtliches Lernen auf der Basis eines evangelischen Menschenbildes miteinander zu verbinden. Das Bildungshaus bietet die Chance, durch Vernetzung der Abteilungen zusätzliche Ressourcen freizusetzen. Bisher arbeiteten Jugend-, Schul- und Erwachsenenbildungsreferat nebeneinander in Ausrichtung auf die jeweilige Zielgruppe, obwohl jedem schnell einleuchtet, dass z.B. bestimmte Fortbildungen der Mitarbeitenden in der Jugendarbeit auch für Lehrerinnen und

---

[1] Vgl. insgesamt das Votum des Theologischen Ausschusses der EKU zur „Bildung in evangelischer Verantwortung auf dem Hintergrund des Bildungsverständnisses von F.D.E. Schleiermacher", hg.v. J.Ochel, Göttingen 2001 sowie die demnächst erscheinende Stellungnahme des Rates der EKD „Maße des Menschlichen. Evangelische Perspektiven zur Bildung in der Wissens- und Lerngesellschaft".

Lehrer interessant sein können, dass die Zielgruppen nicht scharf voneinander abzugrenzen sind, dass der fachliche Diskurs zwischen den Abteilungen und die Bündelung von Verwaltungsaufgaben für alle Seiten hilfreich ist. Es entstehen - um das strapazierte Wort zu gebrauchen - wünschenswerte Synergieeffekte ...

Kinder in der Familie

Es gibt wohl keine größere Herausforderung als die, Kinder zu erziehen. Alle, die sich diesem Abenteuer widmen, haben ein Recht auf die Unterstützung der Kirche und der Gesellschaft. Es geht nicht nur um Strukturen, sondern auch um Inhalte. Ein Fundament wird gelegt aus dem Vertrauen zu Gott und den Menschen. In dieser Geborgenheit kann die Freiheit eines Christenmenschen wachsen, können Kinder Beziehungen wagen und Verantwortung einüben, wachsen sie zu Persönlichkeiten heran...

Der jüdische Arzt und Pädagoge Janusz Korczak (1878-1942), der mit den Kindern seines Warschauer Waisenhauses unter der grauenvollen Herrschaft des Nationalsozialismus in Treblinka ermordet wurde, hat uns ein weithin unbekanntes Buch geschenkt: Wie man ein Kind lieben soll.[1] Er hat eine „Magna Charta Libertatis" für Kinder gefordert und drei provokante Grundrechte herausgefunden: 1. Das Recht des Kindes auf seinen Tod (aus Furcht, der Tod könne uns das Kind entreißen, entziehen wir es dem Leben), 2. das Recht des Kindes auf den heutigen Tag (Kinder sind nicht Erwachsene im Werden), 3. das Recht des Kindes, so zu sein, wie es ist (sie sind nach dem Bilde Gottes und nicht nach den Vorstellungen der Eltern geschaffen). Übermaß an Fürsorge und Mangel an Wegweisung sind für ihn gleichermaßen Formen der Verwahrlosung. In der Schwebe zwischen Bekenntnis und Freilassung sagte er Zöglingen, die das Waisenhaus verließen: „Wir nehmen Abschied von euch für eure lange und weite Reise ... - das Leben. Wir geben euch keinen Gott, denn ihr müsst ihn selbst in der eigenen Seele suchen, im einsamen Bemühen. Wir geben euch kein Vaterland, denn ihr müsst es durch eigene Anstrengung eures Herzens und eurer Gedanken finden. Wir geben euch keine Menschenliebe, denn es gibt keine Liebe ohne Vergebung, und Vergeben ist mühselig, eine Strapaze, die jeder

---

[1] Janusz Korczak: Wie man ein Kind lieben soll, Göttingen 1973

selbst auf sich nehmen muss. Wir geben euch eins: Sehnsucht nach einem besseren Leben, welches es nicht gibt, aber doch einmal geben wird, ein Leben der Wahrheit und der Gerechtigkeit. Vielleicht wird euch diese Sehnsucht zu Gott, zum Vaterland und zur Liebe führen."

Schule

Schon Ende des 16. Jahrhunderts haben unsere Gemeinden Schulen eingerichtet - noch bevor sie Kirchen gebaut haben. Dahinter stand die Überlegung, dass ein „allgemeines Priestertum der Gläubigen" nur umzusetzen ist, wenn jedes Gemeindeglied die Kulturtechniken beherrscht, selbst die Bibel studieren kann und sich die notwendigen Informationen beschaffen kann, die für den Dialog von biblischer Tradition und erfahrener Situation notwendig sind. Philipp Melanchthon, der „Lehrer Deutschlands", forderte Schulen einzurichten, nicht nur für die kleine Gruppe der Kinder reicher Elternhäuser, sondern für alle.

Dass der Anspruch „Bildung für alle" nicht selbstverständlich ist, hat PISA gezeigt: Wer arm an kulturellen und materiellen Gütern ist, hat es bei uns viermal schwerer, eine „Bildungskarriere" am Gymnasium zu machen, als ein Kind aus der kulturellen und sozialen Oberschicht… Woher kommen Impulse, um dies zu verändern? Vor zwei oder drei Jahrzehnten fanden die Abgänger der Sonder- und Hauptschulen noch im Bergbau, der Stahlindustrie oder im Handwerk einen verlässlichen Einstieg ins Erwerbsleben. Heute kennt diese „Risikogruppe" solche Perspektiven nicht mehr…

Oberkirchenrat Harald Bewersdorff hat mit einem Pfarrkonvents-Vortrag im April den Beitrag des Religionsunterrichtes zu Erziehung und Schule herausgearbeitet. Ausgehend von einer Pluralisierung der Schülerschaft mit einem steigenden Anteil der Konfessionslosen und der Muslime (jeweils über 10%) führt der konfessionelle Religionsunterricht verstärkt zu schulorganisatorischen Problemen. Seine Akzeptanz sinkt. RU kommt in vielen Schulprogrammen nicht vor, und Eltern beschweren sich nicht, wenn RU ausfällt. Er fragt kritisch nach der Ideologie der Wissensgesellschaft. Die Testfrage lautet: Was macht den Menschen tüchtig zum Leben? Im Räderwerk der Anforderungen gelte es weiten Horizont zu bewahren, Bildung sei mehr als „Können und Verhalten", mehr als „Wissen und Anwenden". Der Religionsunterricht sei keine Dublette von Ethik oder Lebenskunde, weil die Gottesfrage seine Mitte ist. Am Beispiel des RU als Anwalt für Schülerinnen und Schüler, an den Modellfällen Kontaktstunde und konfessionelle Kooperation macht er deutlich, welche Impulse für ein Schulprofil gegeben werden können...

Eine neue Herausforderung ergibt sich dadurch, dass Gemeindepfarrerinnen und -pfarrer einige Stunden Religionsunterricht übernommen haben, weil diese Aufgabe nicht durch Religionspädagogen abgedeckt werden konnte. Wir haben für die notwendige Qualifizierung gesorgt. Neben einer willkommenen Refinanzierung dieser Unterrichtsstunden ergeben sich durch den regelmäßigen Kontakt mit der Schule eine Fülle von Impulsen für die Gemeindearbeit...

Presbyterial-synodale Kirche

Die Kirche ist nicht nur Trägerin von Bildungsarbeit, sie ist selbst als Institution vielschichtigen Lernprozessen unterworfen. Die Reformation wusste um den Prozesscharakter der verschiedenen Kirchengestalten - ecclesia semper reformanda -, eine Erinnerung, die auch in der heutigen Strukturdebatte der EKD um die Rolle der konfessionellen Bünde aber auch in jeder einzelnen Gemeinde hilfreich wäre...

Die Landessynode im Januar wird eine neue Kirchenordnung verabschieden... Wichtiger als der Text erscheint mir das presbyterial-synodale Selbstverständnis der rheinischen Ordnung. Presbyteriale und synodale Kompetenzen ergänzen und begrenzen sich. Wir sind keine kongregationalistische Kirche, in der jede Gemeinde nach Gutdünken entscheiden kann. Dagegen sprechen nicht nur theologische Gründe, sondern auch ganz praktische wie der Körperschaftsstatus, das Finanzausgleichssystem und die Haftungsgemeinschaft. Trägt die kreiskirchliche Gemeinschaft aber eine Gesamtverantwortung, dann sind Standards der gegenseitigen Information und Beratung einzuhalten. Besonders in Zeiten knapper Finanzen sind wir uns dies gegenseitig schuldig. Der Kirchenkreis ist nicht erst dann am Zuge, wenn das Kind in den Brunnen gefallen ist...

HOFFNUNG - EINE REISE IN DIE ZUKUNFT
(Kreissynode in Düren, 20.11.2004)

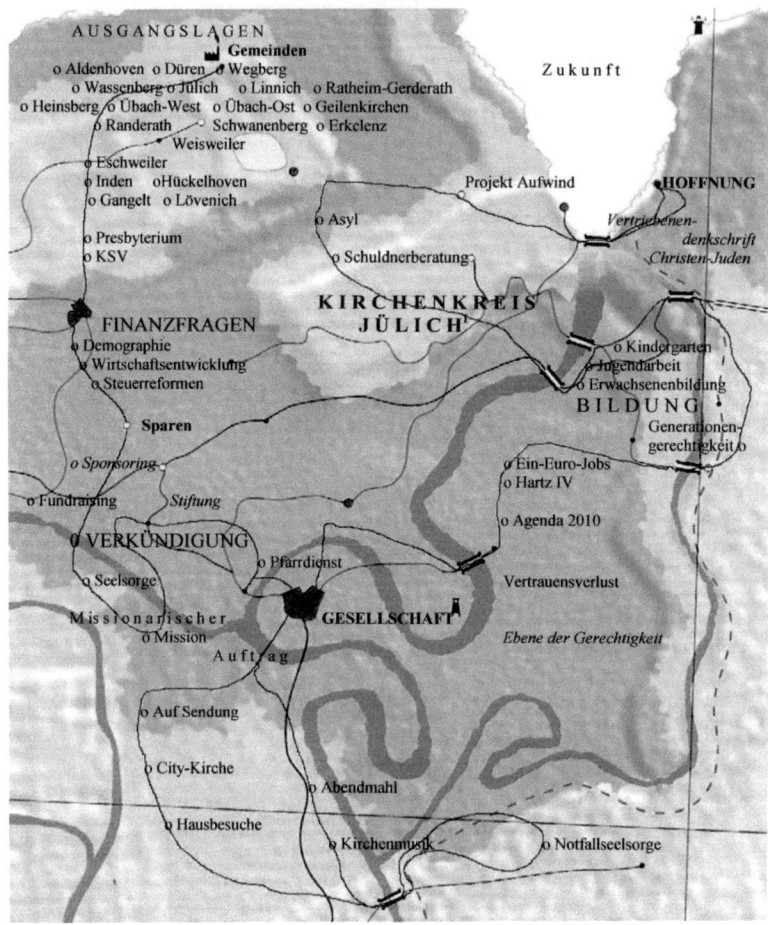

„Wir haben hier keine bleibende Stadt, sondern die zukünftige suchen wir." (Hebr 13,13f)

Jede Zeit entwickelt ihr eigenes Schlüsselthema. Meist ist es aus dem abgeleitet, was die Menschen ausgesprochen oder heimlich am meisten entbehren. In den 70er und am Anfang der 80er Jahre war es wohl die „Friedensfrage". Später war der Aufbruch der Menschen in den kommunistischen Diktaturen mit dem Ruf nach „Freiheit" verbunden. In den Neunzigern stand das Thema „Einheit" im Vordergrund, innerhalb Deutschlands auf Grund der Wende, aber auch in einer globalisierten Welt, die noch keine Instrumente entwickelt hat, um die Verlierer dieser Entwicklung zu schützen. Und heute? Das, was am deutlichsten vermisst wird, ist Hoffnung. Die Zukunft erscheint vielen Menschen bedrohlich. Sozialabbau, demographische Entwicklung, Wirtschaftsprognosen, Arbeitsmarkt, Krise des Gesundheitssystems, Institutionenkrise, Staatsverschuldung, die Rolle der Kirche und des christlichen Glaubens - die Liste ließe sich beliebig fortsetzen...

Die Kirche ist von dieser Entwicklung nicht ausgenommen. Wir sind schon froh, wenn die Kirchensteuereinnahmen nicht allzu schnell zurückgehen, die Austrittszahlen sich in Grenzen halten. Auch über den schlechten Gottesdienstbesuch tröstet man sich leicht hinweg: immerhin sind im sonntäglichen Gottesdienst mehr Besucher als in den Bundesligastadien. Aber ist das Hoffnung? ...

„Wir haben hier keine bleibende Stadt, sondern die zukünftige suchen wir", bekennt der Hebräerbrief im Neuen Testament. Und die Reformatoren haben evangelische Kirche beschrieben als suchende, sich weiter entwickelnde, sich verwandelnde Kirche; als Kirche, die im Vorletzten der Welt fröhlich auf das Letzte schaut, das Reich Gottes. Man könnte sagen, Hoffnung sei ein Markenzeichen der Kirche.

Ich möchte mich in meinem Bericht auf die Suche machen nach solchen Hoffnungsorten in unserem Kirchenkreis. Es gibt sie ja. Wir müssen sie nur wahrnehmen. *Deshalb werde ich Sie mitnehmen auf eine kleine Reise durch die Fragen, die uns in diesem Jahr begleitet haben. Und wie bei meiner Radreise von Wassenberg nach Pskow, die ich im Sommer unternommen habe, um das Heilpädagogische Zentrum zu unterstützen, wird es darauf ankommen, an den kleinen Zeichen am Wegrand nicht achtlos vorbeizufahren, sich von Gegenwind und beschwerlichen Anstiegen nicht abschrecken zu lassen, mit Pannen zu rechnen und insgesamt nicht zu schnell die Kraft zu vergeuden. Es kommt auf den langen Atem an, wenn man ans Ziel kommen will und auf gute Teamarbeit. Im Windschatten kommt man leichter voran.*

Also strampeln wir los. Noch bewegen wir uns auf der Ebene vertrauten Terrains.

Unsere Gemeindeglieder nehmen Kirche wesentlich als Ortsgemeinde wahr. Hier wird entscheidend Hoffnung gewonnen oder verspielt. Im Wechselspiel der unterschiedlichen Gestaltungsebenen der Gemeinde, des Kirchenkreises, der Landeskirche und der EKD, wie sie unser presbyterial-synodales System abbildet, geht es immer darum, die örtliche Ebene handlungsfähig zu erhalten. Denn hier versammeln sich Menschen um Wort und Sakrament, hier wird im Hören des Zuspruchs und Anspruchs des Evangeliums Hoffnung entwickelt und im Alltag, im Dienst für andere, bewährt... „Kirchen sind Orte, die Sinn eröffnen und zum Leben helfen können. Orte der Gastfreundschaft und Zuflucht. Sie sind Räume, die Glauben symbolisieren, Erinnerungen wach halten, Zukunft denkbar werden lassen, Beziehungen ermöglichen: zu sich selbst, zur Welt, zu Gott."[1] *Gut, wenn wir auf unserer Reise an diesen Orten verweilen können, um neue Kraft zu schöpfen...*

Am 15.2. fanden die Presbyteriumswahlen statt. Viele Gemeinden hatten diesmal Schwierigkeiten, genügend Kandidaten zu finden. Auch die Wahlbeteiligung war nicht hoch... Längst ist das Presbyteramt nicht mehr mit hohem Prestige verbunden, wohl aber mit Arbeit und der schwierigen Aufgabe, zugleich geistliche Leitung, Arbeitgeber, Krisenmanagement, Vordenker, spirituelle Gemeinschaft und Hilfsarbeiter für alle Fälle zu sein. Umso dankbarer sind wir für alle Menschen, die sich mit ihren vielfältigen Begabungen in der Kirche ehrenamtlich engagieren. Sie sind neben dem Evangelium der größte Schatz der Kirche. Und sie haben durch die Glaubwürdigkeit ihres Dienstes wesentlichen Anteil daran, dass die Evangelische Kirche nach der Online-Untersuchung „Perspektive Deutschland" unter allen gesellschaftlichen Institutionen in Deutschland die einzige ist, die im vergangenen Jahr bei den Menschen an Vertrauen gewonnen hat.

Der Kirchenkreis hat nach unserer Ordnung eine entscheidende Steuerungsfunktion, um die Arbeitsfähigkeit der Gemeinden zu erhalten und die kreiskirchliche Gemeinschaft und Solidarität zu stärken... Dazu dienen die Superintendentenvisiten und die Visitationen des Kreissynodalvorstandes, aber auch die allgemeine Dienstaufsicht ... Immerhin hat uns die arbeitsteilige Leitungsstruktur unserer Kirche

---

[1] Der Seele Raum geben - Kirchen als Orte der Besinnung und Ermutigung. Kundgebung der 10. Synode der EKD, 1. Tagung 2003

bisher vor den schlimmsten Turbulenzen bewahrt. Offenbar ist das System leistungs- und innovationsfähig. Was eben über den Dienst der Presbyterinnen und Presbyter gesagt wurde, gilt in gleicher Weise für den Kreissynodalvorstand, den alten und den neu gewählten.

Mir ist bewusst, dass sich die Gremien mehr als es uns gut tut, mit Finanzfragen beschäftigen müssen. *Bei einer längeren Radreise ist es aber unumgänglich, auf solides Gerät zu achten. Das bewahrt nicht vor jeder Schwierigkeit, stellt aber die Voraussetzung dar, um überhaupt ans Ziel zu kommen. Sonst plagt man sich später ohne Ende, und die Motivation sinkt.*

Die Entwicklung der Kirchensteuern hängt im Wesentlichen von drei Faktoren ab:

Demographie: Die Veränderung der Kirchenmitgliederzahl vollzieht sich im Zusammenhang mit der demographischen Entwicklung. Die Kirchenmitgliederzahlen werden in ihrer absoluten Höhe und anteilig zur Bevölkerung in Deutschland zurückgehen. Austritte beschleunigen diese Entwicklung. Auch wenn Prognosen mit einem hohen Unsicherheitsfaktor behaftet sind, weisen die Berechnungsvarianten einen Mitgliederrückgang bis 2020 in der Größenordnung von 10-25% aus. In unserem Kirchenkreis nehmen wir durch Zuzüge aus den Ballungszentren und durch erfreulich hohe Eintrittszahlen diese Entwicklung noch nicht wahr, sie wird aber langfristig auch uns erreichen.

Wirtschaftsentwicklung: Die wirtschaftliche Entwicklung ist ungewiss. Ob die Maßnahmen der sog. Agenda 2010 zu einer wirtschaftlichen Belebung und zum Abbau der Arbeitslosigkeit führen, wird sich zeigen. Insbesondere bin ich skeptisch, ob die von vielen Seiten angedachte Verlängerung der Arbeitszeiten zu einer Wirtschaftsbelebung führt. Zentrale Wirtschaftsbremse ist die hohe Arbeitslosigkeit und die fehlende Binnennachfrage.

Steuerreformen: Auch die Steuerreform hat nicht zu einer Belebung der Wirtschaft geführt. Der Wettlauf der Steuersenker quer durch alle Parteien hat aber die öffentlichen Haushalte ruiniert. Nun treffen die Phänomene leerer Kassen in den Kommunen und im Land sowie zurückgehender Kirchensteuereinnahmen aufeinander. Viele Kirchengemeinden, die im Rahmen des Subsidiaritätsprinzips refinanzierte öffentliche Aufgaben wahrnehmen, befinden sich deshalb finanziell beseitigt werden, die sie niederdrücken? Dass wieder gelacht werden kann. Und Hoffnung um die Ecke schaut. Haben wir so ein Wort zu sagen? Ich versuche einen zweiten Satz. Auch er ist ausgeliehen, diesmal aus dem Kolosserbrief. Er lautet: In Christus ist Gott mit euch, mit uns.

Wie hört sich das an, wenn wir es sagen? In den Unterkünften der Asylanten. Mit euch! In den Wohnzimmern der Bergleute, die mit ihren Familien darüber beraten, wie es nach 1997 weitergehen kann. Wegziehen oder hier bleiben? Mit Euch! Auf den Äckern der Bauern, deren Heimat verheizt wird? Mit Euch! In den Zimmern der Konfirmanden, übertönt von lauter Musik. Mit euch. Wie hört es sich an, wenn wir wie das Kind im Märchen das notwendige Wort sagen, das den Bann bricht und eine neue Situation schafft. Zunächst: Was wir da sagen mit unseren dürren Worten ist nicht unser Wort. Es gehört uns nicht. Ist nicht verfügbar. Als wäre die Kirche klüger als die Welt! Und doch wollen wir es sagen in der Hoffnung, dass dadurch Leben ins Leben kommt. Der Gekreuzigte und Auferweckte selbst bürgt dafür. Er nimmt uns mit auf seinem Weg zu den Menschen. An den Kreuzen am Wegrand kleben noch Schuldscheine, er fragt nicht nach Erfolgsquoten und Beweisen unseres Glaubens. Mit ihm an der Hand stolpern wir plötzlich über die Zeichen der Hoffnung, die offen liegen. Schon jetzt, nicht erst am Ende der Zeiten.

In Christus ist Gott mit euch. So ein Satz kann nicht ohne Folgen bleiben. Er ist Ortsangabe. Kirche ist nur Kirche, wenn sie für andere da ist, hat ein Theologe gesagt. Für die Hinterhofexistenzen, für dich und mich. Hinter diese Einsicht kann niemand zurück. Da kann noch so viel über Finanzen und Umlagen in unserer Kirche gestritten werden. Wenn die Balance von ecclesia und diaspora, von Sammlung und Sendung, von Gottesdienst und Engagement mit und für die Welt verloren geht, machen wir uns zu lächerlichen Kaisern, zu betrogenen Betrügern. Das dürfen wir bei der Diskussion über die künftige Gestalt unserer Gemeinden nicht vergessen! Die Menschen warten auf uns und tasten nach einer Hand, die sie hält.

Nun kommt mein dritter und letzter Satz zu unserem Kolosser-Text. Er lautet: „In Christus ist die nackte Christenheit dennoch bekleidet, und: in Christus ist die tote Christenheit quicklebendig." Sie ist nämlich gar nicht so nackt, wie es zunächst schien. Auch wenn ihr am Ende der Fahnenstange. Wir haben dieses Problem in vielen offiziellen Kontaktgesprächen mit unseren Bundestags- und Landtagsabgeordneten erörtert...

Auf dieser Etappe bläst uns der Wind kräftig entgegen. Manchmal hat man den Eindruck, es gehe gar nicht voran.

Aus dem Gesagten ergibt sich, dass eine grundsätzliche finanzielle Entspannung nicht zu erwarten ist... Sparen allein genügt nicht. Es müssen Prioritäten und Posterioritäten beschrieben werden. Und es müssen neue Einnahmen generiert werden. Hoffnungszeichen sind in diesem Zusammenhang die weiterhin große Bereitschaft von Gemeindegliedern, für konkrete Aufgaben zu spenden, die zunehmende Bedeutung von Sponsoring und Fundraising sowie die Gründung von Stiftungen im kirchlichen Bereich... *Wir bewegen uns hier auf Sandpisten und sehr schwierigem Gelände...*

Wir erreichen eine Landschaft, die durch große Flüsse gekennzeichnet ist. Fließen sie in die Zukunft? Trotz der protestantischen Lehre vom Allgemeinen Priestertum bestätigen alle Umfragen, dass der Zugang zur Kirche und ihren Inhalten sich häufig in der besonderen Beziehung zur Pfarrerin oder zum Pfarrer entwickelt. Eine Chance, aber auch eine große Verantwortung! Die soziologische Betrachtung steht hier unserer theologischen Einsicht entgegen, dass das Wort Gottes von selbst die Menschen erreicht. So haben wir es mit zwei konkurrierenden Wirklichkeiten zu tun. - Über die sich verändernde Pfarrerrolle haben wir vor einigen Jahren auf einer Sondersynode nachgedacht. Die Ergebnisse sind noch immer aktuell. Die Kernkompetenz ist Gottesdienst, Predigt, Seelsorge, Unterricht. Aber andere Rollen gewinnen an Bedeutung, auf die die Ausbildung nur unzureichend vorbereitet: Manager, Sozialarbeiter, Künstler, Entertainer, Mediator u.a.m. Dadurch ist der Pfarrdienst vielerlei Veränderungen unterworfen...

Jenseits des Flusses erreichen wir ein weites Feld, die gesellschaftlichen Fragen und die Ebene der Gerechtigkeit. In seinem Ratsbericht vor der EKD-Synode hat Wolfgang Huber im Zusammenhang mit den vielfältigen Reformprojekten in unserer Gesellschaft von einer „Erosion des Vertrauens" gesprochen... Besonders deutlich wird der Vertrauensverlust bei den Reformprojekten „Agenda 2010" und

„Hartz-Gesetzgebung". Im Rahmen eines beispiellosen Aktionismus werden funktionierende Strukturen zerschlagen. Die Balance der Sozialen Marktwirtschaft weicht zunehmend neoliberalen Konzepten... Viele Menschen nehmen die Gerechtigkeitslücke der Reformen deutlich wahr. Die Absenkung der Arbeitslosenhilfe auf Sozialhilfeniveau zeitgleich mit der Senkung des Spitzensteuersatzes lässt die Schere zwischen Arm und Reich weiter auseinanderklaffen. Die Mauer zwischen drinnen und draußen, zwischen Gewinnern und Verlierern, ist höher geworden, und zwar im Blick auf die finanziellen Möglichkeiten, aber auch im Blick auf Bildung, Kultur und Gesundheit...

Die Position des Sozialwortes der Kirchen ist für mich weiterhin maßgeblich. Die Qualität der Reformprozesse muss sich an der „Option" für die Armen" bewähren. („Soziale Gerechtigkeit").
Solidarität und Gerechtigkeit sind nicht nur für die heute Lebenden nötig, sondern auch für künftige Generationen. („Generationengerechtigkeit").
Gerechtigkeit erschöpft sich nicht in Sozialtransfers, „Befähigungsgerechtigkeit" ist von ebenso großer Bedeutung. In kaum einem anderen Industrieland ist die soziale Barriere zugleich so deutlich ein Bildungsbarriere.
Die Rahmenbedingungen für Familien sind so ungünstig, dass Deutschland in der Geburtenrate an der fünftletzten Stelle aller Länder der Welt liegt. Mit Recht wird von vielen Familien „Beteiligungsgerechtigkeit" eingefordert, d.h. bessere Vorkehrungen für die Vereinbarkeit von Erziehung und Beruf... *Förderung ist die notwendige Ermutigung, um auf der Reise nicht müde zu werden und vorschnell zu resignieren...*

Wir bewegen uns in der Bildungsarbeit nicht, wie es auf den ersten Blick scheinen könnte, im Kreise. Nein, das komplizierte Gelände gibt die Vorgaben für die Streckenführung. Förderrichtlinien, gesellschaftliche Umbrüche, demographischer Wandel - das alles will berücksichtigt werden.

Mit der Gründung des Bildungshauses haben wir uns auf einen gesellschaftlichen Wandel eingestellt, der Zielgruppen nicht mehr klar voneinander trennen lässt. Zusammenarbeit der Referate ist unumgänglich. Wichtige Bildungsansätze bieten schon Krabbelgruppen, die in unseren Gemeinden meist unter ehrenamtlicher Leitung angeboten werden. Das Erwachsenenbildungsreferat hat viel unternommen, um die Arbeit dieser Gruppen zu qualifizieren. Dennoch fehlen flächendeckend Betreuungsangebote für Kinder unter drei Jahren. Vielleicht ergibt sich in Zukunft ein neues Aufgabenfeld durch die notwendige Qualifizierung von Tagesmüttern. Zusätzlich ist die Einrichtung von sog. kleinen altersgemischten Gruppen in den Kindertagesstätten nötig. Wenn bestehende Einrichtungen einmal durch sinkende Kinderzahlen nicht ausgelastet sind, sollte über die Umwandlung von Gruppen nachgedacht werden.

Im Kirchenkreis haben die Tageseinrichtungen für Kinder einen hohen Stellenwert. Das zeigt sich u.a. in unseren großzügigen Finanzausgleichsregelungen. Hinter den Zahlen stehen theologische Gründe. Kinder werden in einer Welt der Erwachsenen oft übersehen und verdrängt. Von ihnen wird Anpassung erwartet. Jesus stellt dieses Denken auf den Kopf. Er sagt: „Wenn ihr nicht werdet wie die Kinder, werdet ihr nicht in das Himmelreich kommen" (Mt 18,3). So öffnet er uns die Augen dafür, dass wir durch die Kinder neue Zugänge zum Leben, zum Glauben, zur Hoffnung bekommen.

Für eine „Kultur des Aufwachsens" einzutreten, ist eine gesellschaftsdiakonische Aufgabe evangelischer Kindergärten. Kinder sollen Vertrauen ins Dasein gewinnen, Mut zu eigenen Entscheidungen haben, sich entwickeln und keine Angst vor Fehlern haben. Sie sollen das werden, was sie sind: Kinder Gottes im großen Garten des Lebens. Christliche Erziehung stärkt das Grundvertrauen, das Kinder brauchen, um ihren eigenen Weg entdecken zu können. Biblische Geschichten, Rituale, Gebete und Lieder geben dem evangelischen Kindergarten ein besonderes Profil.

Kindergärten sind Bildungseinrichtungen. Ihr hoher pädagogischer Standard ist Voraussetzung dafür, dass Kindern Zukunft eröffnet werden kann. Dafür muss die öffentliche Hand die notwendigen finanziellen Mittel bereitstellen. Angesichts des Rechtsanspruchs auf einen Kindergartenplatz und der festgelegten Rahmenbedingungen ist der Eigenmittelanteil der Kirchengemeinden i.H.v. 20 % - mit dem wir eine öffentliche Aufgabe subventionieren - zu hoch bemessen. Hinzu kommt die rechtlich fragwürdige Unterscheidung von sog. reichen und armen Trägern. Das Evangelische Büro wird in dieser Frage weiter mit der Landesregierung verhandeln. Die Neueröffnung des integrativ ausgerichteten Kindergartens „Rosengarten" in Wassenberg-Myhl und die Gründung des Kindergartenvereins in Übach-Palenberg sind Hoffnungszeichen, die nicht über die grundsätzliche Problematik hinwegtäuschen können.

Auf der Reise in die Zukunft geht es immer um angepasste Rahmenbedingungen. Kinderräder mit Stützen, Jugendräder, 26er, 28er.

Auch die Jugendarbeit ist im Umbruch. Mobile Angebote, Öffnungszeiten am Wochenende, Vernetzung von Jugendsozialarbeit und ambulanter Jugendhilfe spielen eine immer wichtigere Rolle. Entsprechend haben sich die Konzepte verändert. Die Evangelische Kirche ist der größte Träger offener Jugendarbeit in der Region. Mit großer Sorge wird beobachtet, dass seit vielen Jahren die öffentlichen Zuschüsse bezogen auf die Ausgaben der Gemeinden stark rückläufig sind… Deshalb haben wir begonnen, in der komplizierten Jugendamtslandschaft des Kreises Heinberg Neuverhandlungen zu führen…

Die Landesregierung setzt deutliche Prioritäten im Bereich der offenen Ganztagsschule. Ihre Finanzierung erfolgt zum großen Teil aus Mitteln der Offenen Jugendarbeit. Solange die Offene Ganztagsschule allerdings eher ein Betreuungs- als ein Bildungsangebot ist, bestehen seitens der Kirche Bedenken, dieses Konzept vorbehaltlos zu unterstützen. „Masse statt Klasse" bringt uns nicht weiter! …

Noch einmal wird der Fluss überquert. Wir befinden uns nun in der diakonischen Tiefebene, also dort, wo Hoffnung immer konkretes Handeln bedeutet...

Im Zusammenhang mit der Reformdebatte habe ich schon auf die große Schere zwischen Arm und Reich in unserer Gesellschaft hingewiesen. Gleichzeitig werden wir alle ununterbrochen mit Konsumanreizen konfrontiert. Geiz ist geil! Ich bin doch nicht blöd! Das heimliche Motto ist aber: Hast du was, dann bist du was. Die Sinnfrage wird an den Konsum gekoppelt. Verbunden mit leichtfertig vergebenen Krediten einiger Bank- und Versandhäuser geraten immer mehr Menschen in die Schuldenfalle… Unsere Schuldnerberatungsstellen erinnern … an den kritischen Impuls des alttestamentlichen Sabbat- und Halljahres, der darauf aus ist, die Würde des Menschen wiederherzustellen und einen neuen Anfang zu ermöglichen…

Im Jahre 2003 konnten in den Kreisen Heinsberg und Düren 2095 Haushalte beraten werden...

Wir nähern uns nun dem Ende der Reise. Hoffnung ist das Ziel. Ein kleiner Ort am Rande der Zukunft. Er ist zu finden. Durch alle Themen und Menschen und Begegnungen hindurch.

Wo werden wir Zeichen der Hoffnung setzen? Eine Reise verändert. In Zukunft werden sich die Gemeinden und der Kirchenkreis weiterhin wandeln und reformieren. Wir betrachten solche Veränderungen getrost und hoffnungssicher.

Ich bin sicher, am Ende werden wir ans Ziel kommen. Vielleicht haben wir Pannen, Rückschläge, Stillstand. Hin und wieder einen Muskelkater. Aber wir lassen uns nicht beirren. Denn „Hoffnung lässt nicht zuschanden werden." (Röm 5,5)